溫美玉素養趴

從議題融入到跨科整合，
用遊戲化任務啟動真學習！

溫美玉、王智琪——著

目錄

洞悉「遊戲化」本質，讓素養學習充滿樂趣與挑戰！

溫美玉

某次假日過後，一早幾個小四生書包還沒放好就想交作業。其中一位朝我興奮的說：「老師，我的數學遊戲很厲害喔！你要不要趕緊看看？」另一頭也不甘示弱：「你的會比我設計的好玩嗎？」「我的應該會贏過你啦！」為什麼學生對這次的作業如此興奮？在假期裡複習數學，怎會讓他們情緒激昂到開課當日仍澎拜不已？很簡單，因為「遊戲」！

沒有人不喜歡玩遊戲，特別是學齡孩童。他們心智尚未成熟，最愛向外探索，遊戲的本質能充分滿足人類天性。平日經常吸收財經商管資訊的我，在幾年前注意到「遊戲化八角框架」原創者周郁凱撰寫的《遊戲化實戰全書》提到了使命感、創意力、好奇心、成就感、擁有度、獨特性、期限值，這些動力促使了曾被視為複雜、無聊、呆板的學習，搖身一變成了樂趣與挑戰。

這位作者甚至為「遊戲化」下了定義：將遊戲中那些有趣、令人愛不釋手的元素拆解出來並應用在真實世界，可藉此提高行為動機。閱畢此書，我檢視自己的教學，發現那些成功的課程或教學設計，似乎都圍繞著遊戲化的核心動能。

我的遊戲化教學初體驗

受到這項發現的鼓舞，我在期末考之前做了兩次實驗。

第一個實驗，我利用教室角落那堆要回收的瓶蓋、圓形分數版，請孩子用這些廢物設計遊戲。奇妙的事情發生了！孩子一聽到「自己設計遊戲」，立即啟動大膽、愛玩的本能。不但輕輕鬆鬆就設計出一些展現多重趣味的遊戲，他們還很自動自發地找組員討論，再將集體想出的點子記在小白板，再上台講解玩法。

原本還擔心這項任務對孩子來說會很難，沒想到我的擔憂只是大人的僵化思維！只見有孩子很高興的加入一些「電動打怪」的元素；有人運用教室裡的工具來設計「射擊遊戲」；有人澈底進入了「買賣」模式……五花八門的點子各被實現！自己掌控、自己創造規則，有什麼比這還令人興奮呢？難怪沒有一個孩子會覺得這是個沉重的差事！

我開始對學生設計遊戲的能力深具信心。因此，期末複習也顛覆傳統，反過來請學生根據數學課本裡的 5 個單元，找出數學題目裡暗藏的陷阱，並進一步把它們轉換成遊戲。

沒想到，相較於制式作業，這項挑戰更能燃起孩子的熱情，特

別是那幾位向來不屬於學業高成就的學生！光憑這點，老師豈能不竊喜、感動？而且，他們還私下約定要在課後討論，搞得非常慎重，因為學生「自主」複習單元內容，老師也就輕輕鬆鬆達到了教學目標。

別擔心！放手讓孩子嘗試

既然遊戲深受孩子歡迎，期末考過後，我乾脆帶一些桌上遊戲（以下簡稱「桌遊」）到課堂，當場宣布：「我們這次不上課本，改上桌遊！」在黑板寫明這次任務的要點（寫作說明）之後，請孩子分組認領遊戲。接下來就讓他們自行發揮。

也許你會質疑：「就這樣嗎？」是的，我刻意如此。誰規定老師在上桌遊課之前必須先弄清楚遊戲規則？或許你會擔心，丟下說明書讓孩子「自己研究」只會引起課堂騷亂……免驚啦！孩子為了玩，不管怎樣都會想辦法弄清楚怎麼玩才好！

桌遊課是考後釋放壓力的同樂時光。只見各組成員盯著說明書認真研究。有人依步驟排列道具，有人分析說明書裡每句話的意思……不消多時，他們就研究出玩法、開始投入遊戲了。當然，想要到別組「串門子」嘗試別款遊戲，只要不干擾教室秩序，這也是被允許的。

邊玩邊學習的體驗，誰不愛？這堂桌遊課，孩子特別有感。由於我事前刻意表示「你們要教會我這個笨蛋喔。」因此，他們寫出來的作文，除了介紹「這是什麼遊戲」，還很努力的用自己的言語來說明遊戲規則。有的文章內容還擴及自己對桌遊的評論、對整體課程的省思與評鑑。最有趣的是，有一組沾沾自喜的表示自己發明了有別於官方說明書的玩法，並宣稱這種新玩法比原來的更刺激。

瞧，老師什麼也沒做，反而騙出孩子這麼多文字，以及更珍貴的獨立思考。箇中關鍵為何？放手讓孩子自己嘗試，讓他們對過程留下深刻感受，文思自然就能泉湧而出啦！

期末的桌遊課，就像是上帝送給孩子的新年禮物——而這個「上帝」是老師！我認為，把課程變成禮物，教學就能擁有五項利多。

1 動機——充滿期待與驚喜。

2 欲望——想要自我挑戰與征服遊戲關卡。

3 合作——眾志成城，三個臭皮匠勝過一個諸葛亮。

4 成就——成就感來自「過五關斬六將」的不凡歷程感受。

5 寫作——過程中的專注與成功值得津津樂道，誰都想留下這樣的紀錄，「寫作」於焉而生！

遊戲化學習只是個過程

遊戲化共有八項核心概念。要在教學裡應用哪幾項概念？你必須權衡當下情勢，做出最適切的判斷。例如，一個長期經營的班級，如果經常使用點數、加分與晉級的方式來激勵學生，往往最後效果不如預期，反而容易引起學生之間不必要的紛爭。反之，對於短暫聚集的團體來說，用計分、比賽的方式卻能快速凝聚向心力，還能誘發動機與行為，從而快速活絡教學並且順利達成教學目標。

不管由誰來設計遊戲化課程，主事者都應採取寬容的態度並持續鼓勵學生。還有，當你面對學生的作品時，別太苛求品質與成果，畢竟這只是「遊戲」，放輕鬆吧！當然，老師面對自己的教學成效時，也請放輕鬆。

在教學時，我喜歡不斷指派學生任務。即使一開始並沒有明確規範，但只要師生皆盡力執行，不斷思考也會有所收穫。如果最

後還是沒能達到預期目標，那麼，我們的收穫就是學會接納挫敗。失敗又怎樣？修正之後奮力再起就行了！奇妙的是，不斷嘗試反而能成為下個學習階段最寶貴的基礎。老師不執著於成績、分數等績效，長期下來學生會變得更有自信。當他們不再擔心自己被放在天秤上跟他人比較時，就能更專注、更有勇氣的去挑戰自我。

此外，「自由發揮」的遊戲化學習，也能讓學生更享受學習過程的每個當下。他們的積極投入則帶來了趣味、創意、有效、深度的學習成就，附帶效益則是從中累積了自信。我認為，這些都是孩子邁向未來人生的雄厚資本。

最後，我必須提醒大家：遊戲化教學可以是「顯性」，也可以是「隱性」。該怎麼做？就看老師如何隨機應變。還有，它只是個過程，一種幫助孩子快樂學習的做法，並非教學的最終目標。

面對即將來臨的 AI 時代，我們都希望孩子具備面對變局的能力與勇氣。這本書收納了我曾親自實踐過的教學案例，我發現這種教學方式，確實能有效點燃了孩子的學習熱情——無論是課業、品性與日常言行，都有令人欣喜的成長。

我誠摯希望，看見孩子能力不斷成長的喜悅，能同樣展現在你的班級與孩子身上。

當「素養」成為新的教學標竿，
老師早已帶我們一次次奪標！

王智琪

　　從小我就是一個乖孩子，跟著老師讀完教科書，成績不算頂尖，但也沒有落後太多。還記得自己最迷惘的時刻，就是國中畢業面臨升學的「選擇」時，到底該選擇高中還是高職？讀高中的話，要讀文組還是理組？大學要唸什麼科系？畢業後要找什麼樣的工作……該走哪條路才好？這問題令我大為頭痛。

　　「學校教的，我基本上都能應付。那，未來的職涯選擇，我應該也能順利面對吧？」大學畢業時，我天真的如此想著。不料，出社會第一年就迎來人生最大的衝擊。雖然我長年一直都能扮演好「學生」這個角色，但一旦到學校裡工作了，驟然要管理數十名學生、撰寫教學計畫、籌辦一場又一場活動，轉換身分帶來的不適應，讓我相當慌亂，工作效能也變得不佳。當時，我對這份工作感到迷惘，但也只有按下焦慮，持續的觀察、記錄溫老師一次次的教學：

那些令人欣羨的「職場實習課」

● 五年級園遊會，他們不靠家長的力量自己創業擺攤，孩子面臨
　　到生意不好、成本高於營收的結果……

● 要舉辦夏令營了，孩子開始煩惱招不到學員、找不到場地、費用怎麼收才能賺到錢的問題……

● 舉辦「訪談會」時，孩子嘗試寫活動企劃書，得規劃人力分配、時間流程，還要接洽受訪者、撰寫邀請卡等，他們見識到一次活動要圓滿成功，背後需要多少的準備，也訓練了寫主持稿、上場主持的能力……

觀察久了，我赫然發現：「原來，只有『理解』教科書知識、能完美填寫『紙筆測驗』，還不足以應付外在世界！」溫老師帶的孩子，在這麼小的年紀就能體驗到這些「跳脫學生角色」的任務，我既驚豔又羨慕。雖然，他們在過程中會失敗、品嘗到現實的複雜與困難；但他們也藉此發掘出自己的特質與興趣，理解做生意的眉眉角角，也學會了從自己的性格特質出發，寫一份履歷並且思考適合自己的工作有哪些……這些都是現有教科書沒有包含的內容，卻能讓孩子在長大後，不必像我一樣墜入人生的「迷失期」。

其實，小學階段就是最安全的「人生試煉場」，若在出社會之後才學會這些道理與技能，老闆可沒時間像老師一樣，耐心教你如何改善自己呀！

就在我唏噓的同時，「核心素養」的口號也開始頻繁出現在台灣的教育圈。

「核心素養」，怎麼化口號為行動？

在 108 年 9 月上路的「108 課綱」，直接影響到那些今年秋天進入小一、國一、高一就讀的孩子。這份新課綱最強調「核心素養」，它的目標就是：教出能「把知識用出來」的終身學習者。我簡單解釋其中兩則很重要的概念。

1 把知識用出來

　　過去的教育側重於「知識」，也就是記憶、理解教科書內容。到了九年一貫則加入「能力」的概念；也就是當面對既有知識時，我們有能力去蒐集、運用、分析這些知識材料。如今課綱所強調的「素養」，除了「知識」與「能力」，還看重「態度」這個面向；也就是說，我們要培養出能將知識結合生活情境、對知識抱持好奇、樂於自主學習的孩子。

2 終身學習者

　　這點可說是承襲第 1 點而來。教學目標再也不是塞給孩子多又廣的知識，而是讓他們保有好奇心，並且能夠擁有多元的學習方法。例如，學會做筆記來摘錄重點、自製表格以協助思考，懂得如何編製影片等。這些與時並進的學習方法，讓他們未來在面對龐大的資訊量或遇到工作困境時，可靈活運用知識來解決問題。

　　咦——讓孩子提早活用知識、適應未來生活，溫老師設計的這些「職場實習課」，是不是很符合素養的願景呢？

　　溫老師即將在今年六月退休，乍看之下，她的教學生涯與 108 課綱很不巧的擦身而過。但，若你觀察她多年來的教學設計，就會發現：她的教學內容竟然在素養這名詞還沒盛行之前，就與其精神不謀而合！

　　本書收入的案例，包含了溫老師近幾年帶的三到六年級，也包括了十年前連續兩屆的高年級學生。當全國中小學教師還在適應九年一貫的「能力」概念，溫老師卻「未卜先知」的率先在正規課程裡外融入「素養」教學。她是如何辦到的呢？

5 招，跟上教學的前瞻趨勢

不管是結合時代脈動、科技與未來的教學趨勢，或像以往按照教科書穩扎穩打的學習模式，我認為，能維持兩者之間的平衡就能同時兼顧知識本體，也就發揮了素養教學的精神。以下，我就從本書的教學案例裡，統整出溫老師的 5 種教學特色：

1 讓教學就像「虛擬實境 VR」！

近年來在遊戲界很夯的「虛擬實境」（virtual reality，VR），我們只要戴上眼鏡就能看見逼真的場景。這種臨場感使人更容易融入遊戲角色，進而達成新奇或充滿刺激的任務。我認為，教學也應該來點「虛擬實境」，給孩子一些機會去扮演學生之外的角色，感受一下他們尚未經歷的人生體驗。比如，試著當「老闆」擺攤做生意、學著如何策畫營隊辦場「夏令營」、試著當名「富翁」來場錢滾錢（理財策略）的金錢遊戲、主辦一場「名人訪談」活動……通常，這些任務被認定只有大人才能做，但一旦我們把教學融入這些「虛擬實境」，讓孩子去體驗，你將驚喜他們的表現超出預期！

2 讓教學就像「混音 mix」！

原本朗朗上口的歌曲或旋律，音軌若加入適當的高頻與低頻，可以讓它變得更好聽、旋律更豐富。教學也是如此！我們可以在某個科目的框架之外，試著跨科教學，或是延伸其他與孩子未來生活切身相關的議題，讓學習除了教科書本身的內容，還有更廣、更深的內涵。比方，社會科的教學也能沾到數學的邊，統計表可以在班上的園遊會派上用場！國文課除了談字詞理解或深究課文之外，還能帶到創業和職場競爭力。這種 mix 的教學手法，讓學習變得更有趣，也提高孩子對學習的參與度！

3 教學也要跟上「4G 高速時代」

現在科技已經到了隨時隨地都能用手機「高速上網」的時代。人手一機，就能輕易連上網路，世界脈動皆能唾手可得。面對這樣的現實，教授孩子「大量的知識」已不再是教學的目標；如何自學、吸收、轉化龐大的知識，或是如何運用科技讓自己的思考更便利，才是這時代所需要的智慧或技能。

在這本書，我們可發現溫老師要求孩子試著對新聞、影片或文字報導撰寫摘要筆記，讓他們鍛鍊出轉化這些圖文資訊的能力。甚至，你會發現她還教孩子善用雲端科技與智慧型手機的語音功能，即時的創作長篇小說！

4 教學該擴充「遠端通訊」功能！

網際網路、通訊軟體、便捷的交通，讓遠距往來不若過去需要長時間的舟車勞頓，各國之間也能緊密的發生關聯或相互影響。因為這樣的時代變化，我們更應該引導孩子打開眼界，探索周遭世界發生了什麼事，並對此進行深思、甚至付出實際行動。認識國際貧窮議題，並思考解決方案，這有助於培養孩子的邏輯思考與同理心。了解海洋垃圾議題，試著自己設計一台「海洋吸塵器」，在動手做的過程滿足孩子的創造欲望，也促使他們樂意關懷這些環保議題！

5 別忘了高速時代的「慢」功夫

新奇的科技讓人目不暇給，但我們可不能因為這樣就忘記思索「我是誰、我是個怎樣的人」等議題。科技再發達，未來人生各階段的挑戰仍是要靠自己熬過去啊！

溫老師在教學上講究「快」與「效率」，也要學生靜下心來「反思」、「咀嚼」。例如，她曾要求學生執行以下任務：

- 了解自己、面對即將到來的事──認識並探索「青春期」、「自己特質適合的出路」。

- 偵測自己的行為──靜下心來，有耐性的記錄每天的生活、評比各種活動分配比率，讓寒暑假過得更有意義。

在 108 課綱即將啟動之前，看看站在教育最前線的溫老師，如何運用前面 5 招，淋漓盡致的發揮「素養」精神。如果看不過癮，這本書的「前傳」《溫美玉社會趴》，也有許多精彩案例，歡迎你加入這場緊緊扣合真實世界的「素養趴」，帶著孩子一起領略活用知識的美好！

從生活取材，
令人讚嘆的素養教學！

葉丙成

　　108 課綱即將上路，整個課綱的核心談的就是素養。有不少老師、家長，對於以素養為核心的教育，到底該如何落實，還是會有所擔心。美玉老師這本書，正是能幫助老師、家長對於如何幫孩子養成素養，能更有信心。

　　過去我們的教育，往往都以著重知識為主。所有的考試都是在考學生的學科知識，至於學生是否能養成在真實世有用的能力與態度，往往不是我們教育的重點。以素養為主的教育，相對於過去，著重的會是我們的孩子是否具備能運用知識解決實際問題的能力。也因此，如何從真實世界的問題作為主題，來設計相對應的教學，對孩子解決實際問題的能力跟態度的養成，非常重要。

　　但是對大多數老師而言，我們過去都習慣以課本為教學的核心。現在要老師從真實世界的問題取材去設計教學，對不少老師來說，這確實是一個過去少有的挑戰。認真負責的老師，在剛開始做這樣的教學設計時，心中常有的焦慮是：我這樣子設計我的教學「真的可以嗎？」「是對的嗎？」「是否真的有效果？」因為以前沒做過這樣的教學設計，所以不確定什麼是對的、什麼是可以的。然後老師往往就在這樣的自我懷疑跟焦慮中，很難跨出第一步。

美玉老師的這本書，出版得正是時候！我看完所有書稿，深深讚嘆。這真是一本教學寶典！美玉老師在書裡從小學生的生活中取材，舉凡園遊會、夏令營、活動評比，都可以變成她的教學主題。她透過教學設計引導這些孩子，許多能力跟態度，比如用錢的態度、怎麼設計符合別人需求的產品、了解什麼是貧窮……都在美玉老師為孩子設計的活動中，讓孩子自然而然的養成了。

　　這本書更讓我驚豔的是，書裡面的教學設計，都清楚載明要教會孩子的是什麼技能。然後從美玉老師怎麼想、怎麼做，一步步的鋪陳下去。這可以讓讀者看到美玉老師的思維，進而把這樣的思路內化，並運用在自己想做的教學主題上。這是真的教會老師做教學設計，而不是只讓老師看了書照做的教案而已。這才是本書最大的價值！

　　另一個讓我很喜歡的，是每個教學設計的章節最後，都可以看到許多美玉老師的學生在這個教學活動後的反思寫作，還有家長的感想。這是騙不了人的。一個老師的教學好不好，不是靠自己說的。從美玉老師的學生跟家長所寫的點點滴滴，我們可以清楚看到孩子在美玉老師的教學設計中，有多大的收穫跟成長；也可以看到家長是如何認同這樣的教學。看到孩子跟家長的溫暖反饋，我相信會幫助更多老師減少焦慮、更放心地去設計屬於自己的素養教學。

　　新課綱即將上路，台灣的教育也將展開新局。美玉老師這本教學寶典，可以讓更多老師和家長看到，教學原來可以這麼豐富、這麼有意思，更重要的是能幫孩子培養在真實世界運用的能力跟態度。誠摯的推薦給每一位對教學有熱忱的老師——看了這本書，你也會躍躍欲試，想設計屬於自己的教學！（本文作者為實驗教育無界塾、線上學習平台 PaGamO 創辦人）

教學的路上，我們都在尋找好榜樣！

許芯瑋

　　看到溫美玉老師三十年教學熱情始終如一，致力於產出清晰、好操作、可複製的不同學科教學案例，被奉為女神真的當之無愧啊！溫老師以身作則，提醒我們「曖曖內含光」的世代早已過去，教學現場需要大家更勇於分享、不藏私，尤其是在網路世代，愈勇於分享教學的老師，愈容易收到回饋修正，畢竟有愈多面向的對話，教學技能愈能精進，最終受惠的還是孩子。

　　這次，DFC 團隊好榮幸能搭上女神「素養趴」的列車，看到老師實際運用 DFC 結合海洋教育主題：透過模擬實作，引導孩子開始行動並反思，並且在孩子分組過程中，極有巧思的分配孩子任務（詳見本書 115 頁）。許多老師都說，DFC 與 108 課綱的核心素養三大面向「自主行動」、「溝通互動」以及「社會參與」不謀而合，我們也從歷程中看到孩子解決問題的能力增加，更讓孩子在運用所學時，產生主動學習的動機。

　　什麼是 DFC？其實，DFC 是一種可以融入課程的教學模式，全名為 Design for Change（直譯為「透過設計改變世界」），共有四步驟：「感受」、「想像」、「實踐」、「分享」，教師可以透過 DFC 四步驟，結合跨學科知識和議題探究，讓教育現場不再只

是教師單向傳遞知識給孩子，而是將學習與生活融合在一起，並培養孩子主動學習解決問題的能力。整體而言，經過我們團隊近十年來在教育現場的觀察，孩子在這四個步驟的歷程中，可以有不斷練習「二心二力」：同理心、自信心、創造力和行動力的機會。

DFC，也是一種精神：邀請孩子不只是單方面吸收知識，而是起而行，運用所學改變世界。像是溫老師所分享的引導心法——在面對問題或任何學科知識時，先放下「我不會」的擔憂，而是勇於面對、拆解，逐步建立「我做得到」的心態。如同書中的案例分享，教師在歷程中先引導學生了解議題的背景知識，並讓學生能將所吸收的新舊知識與議題結合，且運用所學來規劃出解決方法（例如走出教室執行行動方案，或是製作解方的原型），最後將整個歷程分享出來。溫老師的教學案例，不但以孩子為中心思考，其中「引導而不指導」的態度，不僅引領孩子發揮創意，更讓孩子透過行動，實現自我價值。

一直相信「陪孩子準備好面對未來的道路，而非事先建一條安全的路給他們」，要讓孩子習得未來需要的能力，老師和家長就得要先以身作則，用創新觀念來支持孩子前進。雖然勇於改變的老師常會感到孤單疲憊，但 DFC 台灣團隊也相信，既然教育系統的核心在於「人」，我們就應該互相陪伴、支持並自我成長。感謝溫老師成為不藏私的指路人，搭起鷹架，讓希望教育更好的老師群體，能一起在教育孩子的路上堅持下去。溫老師時常提醒我們：教學是一份迷人的工作，讓我們一起莫忘初衷、攜手「趴趴」。別忘了，學習，是為了改變世界！（本文作者為 DFC 臺灣發起人）

金錢：
用正確理財觀，
兌換幸福的人生

「你知道怎麼用錢嗎？」理財教育要從小開始

■ **課例示範**　翰林版六上《社會》第三單元「投資理財與經濟活動」

■ **預計成效**　學習自我檢測並同理「理財」的辛苦，養成正向的理財觀念和習慣。

■ **社會人文**

國際	地理	歷史	心理	經濟	政治	法律	文學
				✓			✓

■ **學習型態**

參觀訪問	蒐集資料	筆記整理	欣賞體驗	討論報告	實作練習	調查分析	省思寫作
		✓	✓	✓		✓	✓

■ **核心素養**

A 自主行動			B 溝通互動			C 社會參與		
A1 身心素質與自我精進	A2 系統思考與解決問題	A3 規劃執行與創新應變	B1 符號運用與溝通表達	B2 科技資訊與媒體素養	B3 藝術涵養與美感素養	C1 道德實踐與公民意識	C2 人際關係與團隊合作	C3 多元文化與國際理解
✓	✓		✓			✓	✓	

✦ 溫老師怎麼想

「許多人都想追求更好的生活，但在欲望無窮、資源有限的情形下，我們不能無止盡的消費。建立正確的消費觀念，是首要之務。

消費前，應先評估各項支出是否必要，並考慮消費的先後順序，以生活上的必需支出為優先，如果有剩餘的金錢，再進行其他的消費。同時還要量入為出，做好金錢的規劃，當用則用，當省則省。」

以上內容摘自六年級上學期翰林版社會課本。今天要討論的議題就是「消費與生活」。由於教科書內容以解釋名詞為主，簡單說明概念再搭配幾張圖像，如果教學也只是在這些資料裡打轉，勢必難以引起高年級孩子共鳴。尤其是理財或消費若沒結合實際生活經驗，對學生來說，恐怕不只是生硬，甚至以為與己無關。

華人羞於談錢，彷彿只要一沾上這個字就失了格調。你瞧，古時候的社會地位排名是「士農工商」，可不就反映了這個心態！雖然商人的地位早已今非昔比，但我們仍多不願去正視理財議題、關切經濟動向，對於金錢與經濟的掌控力仍有待加強。近年經過一波波金融事件洗禮，社會大眾終於明白：談論錢財的消費與規劃非但不可恥，甚至還相當急迫。這幾年，關於消費、理財的教育已開始往下扎根，甚至提早至國小進行。不過，當社會課本出現財金教育的單元時，身為老師的你會怎麼教呢？

✦ 溫老師怎麼做？

財金教育，簡單的說，可分成花錢跟賺錢這兩大議題。我認為，在探討如何賺錢之前，得先讓孩子明白「錢都花到哪了？」「為什麼我們每

天會需要這麼多的支出？」尤其，這年齡的學童全由父母供應開支，怎會知道錢從哪裡來又從哪裡去！

一、記帳，理財第一步

素養 身心素質與自我精進：控管消費欲

任務 定期記錄自己的日常支出

　　為給孩子一場有感的金錢教育，這堂課我要求他們學會製作「個人的」消費紀錄。也就是說，若某筆金額是全家共用的支出，就得以除法算出每個人的平均消費。有些項目很快就能抓出數據，例如教育方面的支出或每年繳交的保險與稅金。

　　有些項目則難以抓出每個人消費多少，例如：自有房子要不要列入居住成本？這點我請他們和父母討論，並同時探討：如果該房子要出租的話，每個月的租金大約是多少？至於飲食的部分，外食是比較容易記錄消費金額的，自家烹煮的則不易精算。像這些乍看找不到數據的項目，我請學生耐著性子學習如何去分析、估算。自己找答案，也是一種能力！

Step 1 學會記帳：一周消費紀錄調查表

　　身為教育工作者，我們都希望孩子不要死讀書、讀死書，可是每當碰到活動或課程時，自己卻又變得急躁、不耐煩起來。這次作業，其實可以直接每人發兩張學習單，請他們填填答案就交差了事，但潛藏在心底的教育良知讓我就是無法如此教完這一課。而且，我自己也有孩子，希望他們從小就能具備理財頭腦與金錢觀。那麼，該怎麼做呢？

　　理解自己每天的花費狀況，應是首要之務吧！尤其，國小階段的孩子的金錢支出很單純，再加上他們「雜務」不多，要養成記錄花費的習慣正是時候！可不像我們現在身兼數職，消費與支出不單單是自己的，還

包括整個家庭的開銷，內容可要複雜、難記多了。

正逢連假將近，我向孩子提出要求：「放假的時候應該有很多人都會出去玩吧。來，記一下你們這次旅行的花費！」從大家都喜愛的旅遊著手，可順利開啟孩子對「花錢如流水」的認識。光是門票、住宿、交通的支出，累積起來數目可不小。他們將發現這項事實：「養孩子其實蠻花錢的！」從一次旅遊的開銷記起，再將記帳範圍逐步延伸到全家這兩週來食衣住行的詳實紀錄。

第一周消費支出調查表範例

Step 2 省思寫作：〈我的經濟活動報告〉

最初，當孩子開始記帳時，都覺得「錢是花越的少越好」，因此一反常態的節衣縮食，深怕自己成為班上的「貴公子」或「貴婦」。但，過與不及都非正確的消費理財觀！像我們班上的陳同學公開他的「極簡生活」（註），同學幾乎大為折服，還有孩子感嘆：「真想把他當神來拜！」這時老師就得出面提醒：「錢並不是花的越少就越好，而是要把錢發揮到最高價值！」他們才轉而注意數據背後所代表的意義。

註：寫出下頁作文的陳同學每月開銷不到萬元，意外在我們班掀起一股「省錢大作戰」的風潮！

我的經濟活動報告

哇！一聽到有個功課要寫一個月，我就怕了，因為要寫一個月，分量一定不少，但是這只是我心中的幻想，原來只是將每一天的花費寫下來，我心裡暗爽，因為這個功課實在是太簡單了。老師說天天記錄，就可以知道一個月下來，養我要花多少錢，我也知道我要多少錢才能過一個月。

正式開始的第一天，我把四天的午餐錢都寫上去了，因為我有四天要在學校點飯。可是我只有三天的熱度，到了第四天，感覺要記錄的項目越來越多，發現這件功課越來越煩，要記早、中、晚的飯錢，還有水費、電費、油錢……就連喝一小瓶養樂多也要記。

這時，我心裡打著如意算盤，只要每天吃少一點東西，我就可以節省一些麻煩，老師也不會發現，然後再記得每天準時寫上去。

結果心想事不成，到了最後幾天，老師提起我才想起來，已經整整一個星期沒有記錄，我只好寫「回憶錄」。我絞盡腦汁，可是有一部分的記憶，好像消失在空氣中一樣，怎麼想都想不起來，於是就隨便寫了一些數字，用來應付老師，看看可不可以蒙混過去。

轉眼間，一個月終於到了，我開始算一共花了多少的錢，我想一邊算，一邊練習數學，可是算的數字都只是小兒科，到了幾千元的數目，我的腦筋就轉不過來了，就拿計算機出來幫我解答，結果跟我猜的數字差了一大截，連一萬元都不到，我才發現，原來養我一個月，只要用幾千塊就好了，我心裡想，我可能是六年級中，一個月花費最少的人吧！（同學中最少的一萬多元，最多的還超過三萬元呢！）一方面很高興，但是又覺得花費太少了，真是讓我哭笑不得啊！

從紀錄表中，要反省的是，我應該要省水，不然水費可是很貴的，其實這都要怪我弟弟，他洗澡洗的太久了，所

以水費才會這麼多，而我也不要一直開著水。另外要少看電視和玩電動玩具，這樣不但對我的眼睛不好，又會增加電費。

在記錄時，讓我痛苦的事情有很多，每天一定要把每餐的花費寫上去，如果說晚餐沒吃所以是零，老師一定不會相信。一個月以來，每天都過著寫回憶錄的生活，總是等了很多天才記一次。不過，因為這項活動，我學習到了記錄每天花的錢，以前都是家人付錢，根本不知道自己每天要花多少，現在我終於知道一個月花的錢，也了解什麼錢該花什麼錢不該花。

這次記帳初體驗，從收回的學習單來看，我相當肯定大部分孩子認真執行的表現。他們開始學會推算媽媽煮一桌飯菜需要花多少錢；開始注意到自己與手足每個月補習費的多寡；仔細觀察油價的漲跌、房產的價值……這些跟生活息息相關的經濟問題，透過這項活動讓孩子有了省思的機會。

有人提到，以往看爸媽到加油站加油，覺得事不關己，現在卻會開始擔心油錶跳太快而讓家人承受經濟壓力。也有人檢討欲望型消費的危險。有位學生在作文提到：「某次到麥當勞看到可愛的玩具，就和妹妹要求媽媽各買一個；結果，回家拆開後才發現這玩具其實沒什麼好玩，就偷偷丟到垃圾桶。後來媽媽發現了，我們被臭罵一頓，自己也反省了當時錯誤的消費行為，決定不再犯。」不少孩子也開始對父母投資大量金錢讓自己去補習一事有所理解，他們以往可是從不曾正視過這件事呢！當然，逐日記錄各項開銷對孩子來說是種約束。有孩子坦承自己不喜歡做這件事：「這可能是我這輩子唯一會記帳的一次了！」其實，凡

走過必留下痕跡，雖然只是拿起筆來寫下一些數字，但也能提醒自己用的每分錢都得來不易。無論孩子喜不喜歡記帳，我都鼓勵他們保持這個習慣，並且多注意日常生活裡的各種經濟活動，希望能幫他們及早建立正確的金錢觀。

二、閱讀，深化正確的金錢觀念

素養　系統思考與解決問題：用表格分析理財相關文章

任務　理解文章「想要的，自己賺」的意涵

建立金錢價值觀的社會課，也可結合語文教學，以「一魚多吃」的方式來進行。這次，我用兩堂課的時間，讓孩子在閱讀的過程也同時思考如何妥善運用金錢。

我從網路媒體選出一篇深度報導，考慮到這種文章多以成人為對象，為使孩子能迅速掌握文章要點，順便探討理財規劃的議題，我運用閱讀策略的提問技巧，引導他們讀懂文章並學習如何將內容整理成筆記。此外，還要求學生在課程結束之後，再針對當天課堂上的討論，將內容摘要及心得分享寫成一篇作文。

Step 1 有效閱讀需要策略

在此，我想對師長提出一個選取輔助教材的重要觀念：常常，我們認為很棒的教材，孩子卻因為閱讀障礙而失去吸收、理解的機會，這非常可惜！為此，我特別在這裡示範一次閱讀策略的教學：如何協助孩子理解文章內容，進而批判思考文中的案例，同時也建立孩子有策略去閱讀專題報導的能力。

針對〈「想要的，自己賺」──就算車禍，修車費也得自理〉這篇文章，我在請孩子閱讀之前先提出以下三個問題：

1 文章中的媽媽，對於孩子使用金錢的態度如何？

2 文章中的兩個兒子，對於媽媽的金錢教養方式，有什麼樣的反應？

3 找找看，文章中一共提了哪幾件事？

　　除了讓學生自行邊讀邊找答案，我也在黑板示範如何將文章要點整理成表格：

	媽媽的態度	孩子的反應	正面效益
一、買玩具	1 集點 2 換錢 3 彈性調整	1 努力集點 2 兄弟合作 3 母子合夥	1 與人合作 2 誠實 3 自食其力
二、請媽媽吃飯	1 沒伸出援手	1 省吃儉用 2 別人煽動不 　為所動	1 孝順 2 堅強
三、買車	1 不反對 2 理財新知	1 接受理財新知 2 賺錢但不想買車	1 降低物欲 2 學會理財

Step 2 **議題討論**

　　當孩子已掌握文中的故事內容，接著就是這場學習的重頭戲了：讓學生開始討論相關問題！以下是我引導班上學生探討的議題。

● 你覺得媽媽對孩子使用金錢的做法恰當嗎？為什麼？

● 為什麼這兩個孩子都能夠接受媽媽的方式呢？

- 你覺得這個媽媽看到孩子咬牙硬撐時，當時應是怎樣的心情？會不會也覺得不忍？為什麼你會這麼想？
- 文章中的弟弟沒有錢還要硬省下一筆錢請媽媽吃飯，你對這樣的事情有什麼想法和評價？
- 如果你是媽媽，你會像文章中的媽媽一樣這麼做嗎？為什麼？
- 如果你是那兩個孩子，你希望你的父母對於金錢觀，是用這樣的態度嗎？為什麼？
- 如果這個媽媽的態度是 5 分，你的爸爸、媽媽和你，分別是幾分呢？

Step 3　課程的反省與回應

　　帶領孩子探討了上述問題，最後仍是透過省思寫作的步驟，請他們將今天上課的重點整理成一篇文章。

學生作文

「想要的，自己賺」讀後感

　　現代社會中，有許多父母對小孩過度溺愛，尤其是家庭能力足夠的，更盡力想滿足小孩的需求，但是，最近老師帶領我們讀到一篇報導，使我們深刻了解，我們以為滿足孩子物欲的是好父母，其實事實並非如此，周瑞青的家庭就是最好的案例。

　　周瑞青是財經公司的高階主管，她的經濟能力足以滿足小孩的物欲，但她卻堅持一個理念——絕不無條件滿足

孩子的欲望。她給孩子一個觀念：「所有你想要的，都要自己努力賺取。」因此她的小孩所想要的，幾乎都是自己靠著媽媽的「獎勵制度」賺取而來的，獎勵制度就是：只要表現良好，就能賺取一塊錢，表現不好，則倒扣。這樣的方式，不但讓她的小孩有好的表現，也使小孩更加珍惜這份得來不易的物品。長大後，從小培養的這種觀念，對她的兩個孩子來說，更是獲益良多，因為他們懂得理財，而且努力賺錢，不依賴父母。其中幾次，就是最好的證明。有一次，周瑞青和一群老朋友以及她的小兒子吃飯，當時她的小兒子正過著省吃儉用的生活，但是飯後小兒子主動買單，而周瑞青卻不為所動，周瑞青的好友，對於她兒子的孝順以及堅強感動不已。在周瑞青的大兒子考上大學時，爸爸給了他四萬元美金，作為買車的費用，但是大兒子卻看上一輛價值六萬多美金的賓士跑車，正當他在二手賓士跑車和一輛較普通新車中猶豫不決，周瑞青安排他和一位企業家談話，經過那次的談話，讓大兒子了解，買東西就像一種投資，而有些東西總是會貶值的，最後，

他的大兒子決定將那四萬美金用來投資基金和股票，而代步工具仍然是家中的舊車。以上的案例都讓我刻骨銘心，也了解，從小培養金錢價值觀，是多麼的重要。

其實，在閱讀此篇報導時，我有許多疑問。關於周瑞青的部分，她擁有如此龐大的財富，卻堅持不輕易滿足孩子，這點令我很納悶，因為現代家庭中，只要經濟能力許可，父母總是非常溺愛孩子，但是，周瑞青的觀念卻如此不同，為什麼？那麼，若她的孩子因此而被嘲笑，她心中又做何感想呢？經過一番思考，我發現，或許她早就了解，若過度滿足孩子的需求，長大後，小孩不但不會努力賺取他所想得到的，還會繼續倚賴你，那在他們兒時，你的那片好心，豈不是被濫用了嗎？所以她在日常生活中，模擬了較單純版的現實社會，讓小孩從小就養成了努力賺錢的觀念，長大後，才不會成為社會的敗類。

此外，報導中提到小兒子請客的那次，我讀完後，心想：「為什麼周瑞青不向小兒子伸出援手呢？她應該十分了解小兒子的生活不是嗎？這樣的母親未

免太狠心了吧！」已是人母的老師告訴我們：「要克制自己去幫助小孩，比直接向孩子伸出援手來的困難，畢竟，每位父母都希望給予孩子最好的，讓孩子高枕無憂，但是這樣卻會害了孩子，所以父母心中其實很掙扎呀！」磨練孩子時，心中卻像被針狠狠的刺著，父母的苦心實在令我佩服，他們的偉大更是無法用筆墨形容的。

曾經閱讀這篇報導的人一定很納悶，周瑞青怎麼會生了兩個「乖寶寶」，未免太幸運了吧！嗯？沒有生乖寶寶嗎？那為什麼她的兩個兒子不反抗周瑞青如此不同的教導方式？這個問題，令我困擾很久，一直想不出個所以然。最後，我猜測，她的孩子應該也曾反抗過，不過周瑞青的態度卻非常堅持，最後她的小孩也只好認命的乖乖努力。隨著年齡的增長，我想小孩一定了解媽媽的苦心。現在，她的兩個兒子，一定對周瑞青當年的教導方式感激不盡吧！

周瑞青的孩子能了解爸媽的一片苦心，那我呢？我認為，我的爸爸媽媽非常滿足我的需求，該有的獎勵一定不會少，卻也不會過度溺愛。爸媽都非常節

儉，對我和弟弟卻非常慷慨，這讓我有時在買東西時，總是會不忍心。我想，爸媽節儉的原因不是來自於家境，我們家的經濟能力算中上階段，但是爸爸媽媽卻要我們記得，不管家境如何都不能浪費或者過度揮霍，許多活生生血淋淋的例子都證明了他們的想法是對的。很多家庭，因為經濟能力足夠，就開始大肆揮霍，造成財產一點一滴的流失，但是浪費和奢侈的習慣卻改不了，所以必須貸款維持這樣的生活，最後當討債集團上門時，他們卻無力還債，只好過著潦倒落魄的生活。

我們家的獎勵方式跟周瑞青家有點類似，但卻沒有那麼嚴格。我們並沒有零用錢，很多人也許會覺得這樣很另類，可是我卻不以為然，因為，我沒有需要買的東西呀！凡是我想買的東西，爸爸媽媽總是會經過考慮，決定答應或拒絕，並將理由清清楚楚的告訴我們，每逢聖誕節和生日時，我們就能得到自己夢寐以求的禮物，還有平常考試或寫測驗卷的分數，依照分數的高低也能慢慢累積錢，從小二開始，一筆筆的獎勵金爸媽都要我清楚記在一本精美的小筆

記本，包括何時花掉了其中的多少錢等，我相信，這也是一種培養儲蓄的方式吧！不過因為我不常要求買東西，所以幾乎每次有求必應，這樣算溺愛嗎？

從小培養正確的金錢價值觀非常重要，我也十分認同。雖然我不知道自己現在過的生活算不算被太過寵愛，但我希望長大後，我能成為理財達人，努力賺錢，並充分利用自己的財產。

三、虛擬家庭的消費與理財

素養 系統思考與解決問題：收支平衡的概念

任務 1. 了解家庭各項支出；2. 分析各項開銷的優先順位

延續第一次探觸「消費與理財」的社會課，這次我要孩子去體會一個家庭的消費與理財實況。我將全班分成數個小組，每個小組就是一個虛擬家庭，組員必須思考如何平衡這個家庭的收入與支出。除了日常收支之外，幸福家庭還要有基本的保險、存款和投資理財計畫。如此一來，家庭到底會有哪些基本開銷就成了一個重要課題。

藉由這樣的活動，孩子不再「吃米不知米價」了，他們開始警覺「錢真的不夠用！」「原來，生活中處處都是錢輾過的痕跡，難怪父母常說賺錢養家好辛苦呢！」

在此之前，孩子已持續記錄每日開銷一星期了，因此他們現在都知道：一公升汽油多少元？每日三餐至少要掏多少錢才夠？這學期的註冊費和補習費都屬於教育開支，這項的總開銷共需幾千元？家裡的水電費每個月平均是多少……先前的紀錄，讓孩子開始注意到生活中形形色色的各項支出。這次，我們就要在這個概念基礎之上，進一步去計算：每月要收入多少，才能過上怎樣的生活。

月收五萬元到底夠不夠

剛進入這階段的課程時，有位孩子發問：「老師，一個家庭月收五萬元夠不夠生活呢？」這是個很實際的好問題！五萬元，對孩子來說已是很大的金額，但若要以我們學校學生的家庭來說，幾乎每個孩子都在校外參加才藝班，有些家庭甚至經常在國內外進行親子之旅。若要過這樣的生活，全家每月總收入五萬元到底夠不夠呢？

果然，計算機按一按，馬上有人發難：「光是每個月，兩個孩子的補習費就超過五千元了，還要交房屋貸款兩萬元，一個月的伙食費少也要一萬五千元，還有保險費、交通費、水電費……怎麼夠花？」

Step 2 月收十萬元到底夠不夠

發現五萬元不夠用，我們只好將所得提高到十萬元。我請孩子分組，每個小組視為一個家庭。他們自行討論：若以這種收入為基準，一家四口該如何運用這十萬元才會是合理的消費。當然，前提是不能將錢花光光，還必須省下一些錢來儲蓄。

每組開始煞有介事的討論哪些開銷是必要，哪些能省則省。例如，每天都要吃飯，但若改成自己煮，盡量避免外食可省下不少錢，頂多每個禮拜一次打打牙祭。車子屬於消耗品，如果沒有現金就不要去貸款，否則負擔會過重；上班改搭公車或騎腳踏車，省油錢又環保！很想養寵物，又不想花大錢，那成養魚好了，每個月大概只要花 600 元……

很難想像，孩子這時竟都成了省錢達人。為了不讓「自己的家」破產，他們絞盡腦汁，想要留點錢以備不時之需或拿去投資。計算機來來回回算了又算，就怕漏掉哪些支出或是過度消費。一時之間，整個教室就像省錢大作戰的比賽會場，每個人都七嘴八舌的忙著發表高見。

Step 3 家庭消費理財報告

　　經過課堂上的討論，接著就請小組長一一上台報告結果，也讓孩子聽聽其他組討論出來的生活模式到底可不可行，會不會過於誇張、弄得不切實際，或是忘了哪些支出，而不像是真正的家庭經濟活動。

　　課程到此還沒結束喔，因為還有許多孩子並沒有機會澈底參與。所以，我安排這項回家作業：「一個媽媽的家庭經濟報告」，務必讓每個人都在事後確實的再思考一遍這個議題。當然，老師出這種作業的好處，除了可透過作文來檢視孩子上課的成果，還趁機賺到一次寫作題材，順便磨練他們的寫作技巧。「一兼二顧，摸蛤蠣兼洗褲」，何樂不為呢？

　　從他們寫的文章裡，可發現孩子已正視家庭的消費與支出了。嗯，我想，這群未來的社會新鮮人淪為「卡奴」的機率應該會因此降低不少吧！另外，再看看孩子令人驚豔的寫作創意與巧思，這才是叫老師最愛不釋手的成果呢！

學生作文
一位媽媽的家庭經濟報告

　　「想必你們也聽過我的大名，哈哈，我就是鼎鼎大名的花媽，我是一位全職的家庭主婦，我家老爸很厲害的，一個月薪水十萬喔！哈哈，不過我還是要努力的縮減開銷，為我們老年生活著想，你說柚子和橘子喔！當然啊！還有他們兩個的教育基金要存啦！你要問我怎麼管理支出喔？啊那你就問對人了，我來告訴你喔……」

　　「我家老爸喔，一個月賺十萬，你

說什麼？我講過喔！不好意思啦！可是我們還是要好好的管理金錢支出喔！嗯，是這樣的啦！我們一家四口，平均一個月花兩萬投資，細項我等一下再告訴你，我先大略介紹一下支出，還有，那個，兩萬的房貸啦！小孩的教育費三萬，還有兩萬是平均每個月我買菜或者去餐廳吃的飯錢啦，你說我投資什麼喔？喔！就兩萬投資嘛，一千繳保險，五千付基金，一萬塊做存款，避免發生什麼急事要用到，剩下的當養老金啦！房貸呢，就一個月繳兩萬啦！所以，投資和房貸的錢都沒剩……」「鈴～鈴～」「等一下，我接個電話。」

等了三分鐘後，「嘿嘿，不好意思，久等啦！剛剛講到哪裡？喔！接下來是小孩的教育費，數學兩千，作文一千，英文三千，這樣加一加就六千啦！不要忘了，我家有柚子和橘子，所以要乘以二，就是一萬二啦，還剩一萬八，這個，等一下再說啦！」「叮咚！」「不好意思，我家柚子回來了，我幫他開個門。」「媽，你在跟三角太太聊天喔！」「小孩子不要管那麼多，去寫功課，去去！」

「好啦！我回來啦！吃飯呢，一個人一天一百，四個人就四百，乘以三十天，就是一萬二啦，不過，偶爾也要吃些好料的，祭祭五臟廟啦，所以花了一萬五，剩五千，這個也等一下再說，還有那個兩個月繳一次的水電費，是五千，車子油錢一個月一千，老爸和柚子橘子都搭公車或用走路，所以還好啦！還有，健保費，我們四個一共是一千二，大概就這樣啦！剩下的就當作偶爾超支的遞補費用。」

「還有，每一次柚子和橘子都會說怎麼吃的那麼寒酸啦！我有什麼辦法！當家裡的財務大臣很困難ㄟ，不然換你做做看，真是令人生氣，不過，多虧我規劃的好，才不會超支啦！嘿嘿！三角太太，你要我的收支表喔，好啦！我畫給你看。」

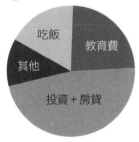

「就是這樣啦！」

其實，媽媽們在管理家裡的支出是很麻煩的一件事，常常需要精打細算，像我所虛擬的「花媽」，她就是一位很愛撿便宜的媽媽，不過，這也反映出我們的常態。

在新聞上，常常有很多婆婆媽媽到處撿便宜，有時候搶購的畫面看起來很滑稽，但全部都是為了要打理家計，希望能讓老公負擔少一點，多陪陪家人，希望小孩能過好一點的生活，不用為家裡煩惱。她們最大的困難就是，要如何節制，幫家人省錢，要禁得起誘惑，不要被推銷員的甜言蜜語給打倒：「喔！

這位太太！看你多麼苗條又美麗啊！來！為你介紹這個新產品，保證用了以後會更年輕喔！」實在是很困難啊！

大部分的家庭主婦都要天天記帳，偶爾自言自語的說：「唉！這個月又超支了！」這會讓媽媽們操心，一直煩惱的想要怎麼縮減開銷，相反的，當媽媽們成功的縮減支出，就會說：「哇！沒有超支呢！今天晚上來加菜！」

所以，要偷偷提醒大家，想要吃好料的，填飽肚子，就不要跟媽媽要求東要求西的，要想想，媽媽打理家裡是很辛苦的呢！

四、理財大富翁

素養 系統思考與解決問題：掌握理財的要點

任務 1. 認識各種收入與開銷；2. 了解自己的理財傾向；3. 思考現今父母對家庭的經濟支持以及未來對生活與用錢的態度

「若能一面玩遊戲，一面培養理財觀，豈不是一舉數得？」這也是我積極邀請保險業務員到班上幫孩子進行理財大富翁遊戲課程的原因。

傳統的教育模式裡，理財素養就跟性教育一樣，幾乎要等我們長大之後，從實際生活中跌跌撞撞，一路摸索才能理解。有人僥倖成功得利；有些人卻是失敗，最終面臨經濟破產；有些人則是理財行為趨於保守，

甚至避而不談。然而，隨著經濟發展的速度越來越快，這種學習模式已開始被批判，越來越多專家學者為孩子開發一系列「寓教於樂」的理財課程。其中，透過成人版的「大富翁遊戲」學理財，就是一個非常適合孩子的課程。小小一張紙囊括了人生可能會遇到的各種理財行為，巧妙融入了角色扮演、理財計畫、管理現金流、投資等財金概念，並從遊戲中建立起正確處理金錢的態度。

　　會理財的人，才能應付生活其他的事。這項課程既可培養孩子健康與正確的理財觀念，又能輕鬆有趣的理解抽象的投資理財概念，真是教師和家長的好幫手。

Step 1　邀請專家介紹理財觀念

　　孩子已歷經了「記帳 ➜ 虛擬家庭 ➜ 文章閱讀」的一系列練習，現又更深入一些像是企業投資、股票、房地產、收入／支出的調控及影響等「理財方式」。我認為，接下來的教學與其用口頭講解，還不如帶孩子從虛擬情境中去逐步培養這方面的敏銳度。於是，我利用一套團體桌遊讓孩子體驗消費理財的多重面向，並邀請理財專家「保險專員」到教室實地講解。

Step 2　簡介「理財大富翁」遊戲

　　「理財大富翁」又稱「現金流遊戲」（Cash Flow Game），是一個相當吻合社會現實的理財遊戲。每個人都可以透過抽籤決定自己要當經理、醫生等角色。遊戲置入了我們在生活中常會遇上的各種「狀況／機會」。孩子在遊戲過程可隱隱發覺，錢這個東西常常是「計畫趕不上變化」。所以，除了平時要算好收入與支出，還要有敏銳的觀察力，才能讓自己賺到錢。

在此簡單說明這遊戲可為孩子帶來的四種面向的啟示。

1 錢對人生的影響，千萬不可小覷！

　　遊戲裡包含了「買車」、「買房」、「生孩子」、「失業」等情境，這些情境並非一次交易就能結束那麼單純。如果你的車子、房子都有貸款，那就必須列入每個月的支出清單裡。至於生孩子，光是飲食、托育、教育等費用就是一筆龐大的開銷。失業更可怕！因為你沒有了收入，還是免不了要承擔每個月的固定支出，許多人就是因為這樣而瀕臨破產。

2 計算「現金流」，掌握每月的金流

　　每個玩家有一張「資產負債表」，記錄自己每個月的收入、支出、資產與負債。孩子在玩遊戲的過程，無形之間就能扎實建立了「總收入－總支出＝可動用的生活費」的概念。因為，不管是股票的漲跌、水電費的調漲等變動，都可能會讓自己每個月能運用的額度有所變化。除此之外，他們還要考量還債、或是車子拋錨要維修等臨時的額外支出。孩子透過這張表，能更全面的看清金錢流動的真相。

3 市場風雲，相對價值的判斷很重要

　　這遊戲也納入社會與全球局勢的環境變項。當黃金價格飆升，或是有人要用 100 萬買房子……這些大環境的變因都會影響玩家獲利或賠本。比如，當黃金價格飆升時，你用手上的黃金去購買其他資產，資產就變多了，這是因為你買下它的成本相對較低廉的緣故。但如果你以前用 150 萬買下的房子，後來用 100 萬的價格賣出，這就賠錢了。要買還是要出售？這考驗孩子的判斷能力。在金錢遊戲裡，能靈活的隨機應變，做出最正確決策的人就是贏家！

4 收入可不只一種！請重視「非工資」

　　這遊戲也介紹了收入的種類。我們除了定期領的薪水，還能從股

利、買賣房地產、投資企業等方式來獲取額外收入。當然，這些收入可能會有風險。比如，玩股票能讓你暴富，也可能讓你的資產突然大幅蒸發。

Step 3　小組正式進入遊戲

讓孩子玩遊戲之前，我先說明遊戲規則再分組，以免他們太興奮而不專心聽講。

由於手邊拿到的桌遊數量有限，所以這次將全班分成三組，每組九到十人。在全班一起玩遊戲的過程中，老師和保險業務員同時深入各組，即時指點對理財觀念有疑問的孩子，或是玩到快破產的同學。

Step 4　分享理財觀

遊戲結束之後，有的孩子賺了大錢，有的則負債累累。此時，點幾位賺錢與賠錢的孩子上台分享自己如何理財。例如，請他們講一下自己的投資態度或想法，在每次要行動之前是如何判斷的。從孩子的分享內容裡，老師可順勢提出以下重點，提醒學生或供他們思考。

1　凡是投資，都有風險！

不管是買股票、買賣房地產、企業投資，都要在自己有足夠資金，或能清楚判斷股票漲跌趨勢的情況下，再謹慎行動。

2　我是怎樣的理財取向？

請孩子回憶自己在剛剛玩遊戲時的行動，想一想自己的理財取向到底是大膽冒險、想賺大錢呢？還是寧願腳踏實地的慢慢賺，沒啥風險卻可能賺不多？「另外，你認為這樣的自己應該是屬於什麼性格呢？」我請孩子回頭參考五卡裡的性格列表。

孩子可發現，前者性格較衝動、果斷、勇敢，後者則較保守、謹慎；

當然，這兩者都沒有對錯。你想當怎樣的人，可視你到底想追求什麼生活而定。若你的物質欲望不是很高，或者，你沒有賺錢養家的經濟壓力，那不見得要走冒險的路。但反過來看，走冒險的投資路，你可能會因此多花時間去了解世界脈動、關注財經新聞，以便讓你的理財判斷更精準，這也是一種收穫！

Step 5 **延伸寫作 —— 我從「理財大富翁」學到的事**

趁孩子記憶猶新，請他們記下自己在遊戲過程的感受，在課後自行討論重點，回家後再各自寫出一篇作文。這次的寫作提示如下。

1 請記下今天玩「理財大富翁」的過程，你和你的同組夥伴遭遇了哪些狀況？

- 什麼狀況讓你們開始大賺或賠錢？
- 印象最深刻的狀況？

2 從「理財大富翁」遊戲中，你發現哪些事情？

- 當變成大人後，要做好理財要考慮哪些事情？請逐一解釋貸款、投資、儲蓄、額外支出、現金流，這五個向度分別對我們賺的錢造成怎樣的影響。
- 請舉出其中 3 個對理財最有衝擊的狀況並說明理由。（例如，失業、生小孩、公司倒閉等）
- 知道這些事後，你對爸媽賺錢養家的觀點有沒有改變？為什麼？

3 從「性格」到「理財風格」

- 從自己玩「理財大富翁」的過程，你認為自己是個什麼樣性格的人？（參考性格列表）為什麼會這樣想？
- 你期望自己未來的生活變成怎樣（錢夠花就好／很富有）？若要達成期望，你認為長大後的自己可以怎麼做？

4 玩「理財大富翁」的心得

● 可包含過程中的情緒、行動（參考五卡列表）、對自己的幫助，以及你給自己這次理財的表現打幾分（0～10分）等。

玩成人版大富翁學理財的優點

這遊戲實在是太好玩了，孩子玩了足足三小時仍意猶未盡。初次嘗試理財遊戲，因為孩子還不太熟悉規則，所以，這套遊戲還有許多功能並未完全展現。不過，這次三小時的理財遊戲課程仍可歸納出以下教學心得。

1 提升數學的換算能力

教小朋友認識小數、分數、百分率等跟日常生活有關的數學，可以培養小朋友的財務智商。例如，百貨公司打折、家庭支出的分配比例、銀行存款的利率，這些計算都會使用到百分率。在進行這項遊戲時，孩子必須隨時記帳，注意自己的財務變動情形，進而養成對錢財的敏銳性。

2 了解投資工具與方式

參與遊戲者可將資金投資在買地、房產、股票、基金等。由於投資會用掉手上的籌碼，所以，他也可選擇先存夠一筆錢再投資。先投資還是先存錢？這兩種做法讓孩子明白理財並非單一模式，而是有所選擇。孩子也會明白，如果他犧牲現在的收入，這筆錢將來就用於投資等其他用途，所以，他可以先儲蓄，同時利用這段時間尋找適合的投資目標。這是一個很好的教育過程。

3 模擬真實人生的經濟

大富翁的「命運」及「機會」卡，代表生活上的不確定因素。比如，你抽到一張命運卡「罰款五百元」，你只能花錢消災。或者，命運卡

寫的是「失業」，這代表收入中斷，但你還得繼續負擔日常生活開銷。如果你一直抽到代表各種倒楣事情的命運卡，而別人卻可能是事業如日中天，這樣的境遇真是讓人捶胸頓足，生不如死。但，這就是人生！我認為，孩子也可以從這樣的遊戲情境學會認清這些事實：穩定的收入也可能很容易就中斷、每月賺取的收入並不是都能順利得到，因此，充足的金錢儲備是萬不可缺的。

4 性格決定命運

要大膽投資？還是先還債？當學生玩這套遊戲時，我側面觀察孩子如何抉擇是件有趣的事。這反映了每個孩子的獨特性格。有的人明明就有一堆負債卻選擇繼續投資，希望放手一搏之後能鹹魚翻身。反觀有些孩子非常保守，從不輕易做出像是買股票之類的投資，人生就是求個安穩。儘管同組已有人靠投資致富了，他仍是「心如止水，不為所動」。

事後，我粗略調查一下，發現有人確實因為「富貴險中求」，靠著買賣股票而致富；但也有不少人因此血本無歸、負債累累。而那些靠著儲蓄一點一滴存下錢的人到最後幾乎都不能成為富豪，但大抵還能過著衣食無缺的小康生活。到底什麼才是最好的理財模式？我想，這應該沒有標準答案，端看個人性格以及他對生活的期望吧！

這三個小時，孩子起初因為不太能掌握規則，因此不是很進入狀況。但是，一輪又一輪的玩下來，每個人都被激發出對財務管理的好奇與動機了。尤其當孩子看著別人的財富增增減減時，自己的心臟也跟著七上八下，既羨慕又害怕，活脫脫就是一副眾生相！這場遊戲雖是紙上富貴，只不過是虛擬人生，背後的思考卻有更多的價值可供大家參考。

◯ 溫老師的省思

其實，進行這門課已是十餘年前的事了。如今重讀舊稿，我認為，以現在的時代潮流可以談出更多更先進的觀念，於此補充說明。

1 貨幣變得更多元

拜科技之賜，貨幣的意義不再只限於實體金錢，它還有可能是 line 等程式的代幣、遊戲裡的金幣……總之，所謂的貨幣，核心意義都是「兌換」。比如，我們用工作勞力等行為「兌換」到金錢，再用金錢去「兌換」我們想要的物品。

2 網路資訊的融入

例如，網路購物的蓬勃發展，許多網站都利用「大數據」的技術來篩選消費者的喜好，客製化的服務更刺激了人們的消費欲望！此外，由於網路發達，人們消費理財更便利了！轉帳、付款不用到實體 ATM 操作，透過手機 App 就可直接轉帳，進行快速的金錢交易。還有，像是亞馬遜推出的「無人商店」等服務，促使人們的消費模式更加複雜、多樣。

在瞬息萬變的今天，時時更新理財知識，並且妥善掌控自己的物質欲望，才能掌握住自己的財富與人生！

學生作文

好玩的社會課——理財大富翁

哇！今天的理財大富翁讓大家玩得不亦樂乎！首先，先聽叔叔講解。結果

每個同學都開始皺起眉頭，一頭霧水，搞不清楚狀況，「喔！好複雜喔！什麼

額外金額，什麼小生意大買賣還有市場風雲……好多喔！」還好，後來慢慢進入狀況，知道該做什麼、該寫什麼了。

接著大家都已經等不及要開始了。我們先選一種顏色的老鼠（我們選的是橘色），然後抽職業卡，我們兩個抽到的是經理，亞婕那組是醫生，他們擁有很多的錢和股票。遊戲開始，晏慈那組先開始，剛開始都沒有問題，輪到我和佑竹的時候，佑竹一投，「喔！好險！是機會（小生意、大買賣）」我們看了看沒什麼用處，因為我們手上沒錢。

第二輪是我印象很深刻的！佑竹一投「喔喔！生小孩了！」全組都為她唱生日快樂歌，唉～我們多了一個包袱，每個月得付出美金 240 元，易霖和映青這組的職業居然是門衛，我們大家都笑成一團，遊戲一直不斷的順利進行，一直到亞婕抽到了一張小生意，是 OK4U 藥業股票，市值好像是 1 元，力平就買了 6,000 張，但是我和佑竹就沒那麼幸運，抽到最便宜的只有 5 元。

晏慈一個不小心走到了失業，全部的財產都沒了！亞婕和力平還欠了 20

幾萬的債務和 15 萬的債，我和佑竹走到了額外支出，結果……一抽「為女兒舉辦婚禮 200 元」我一看到就和佑竹說：「200 元為你的女兒舉辦婚禮吧！」易霖和映青比較好，只要顧門，沒有生小孩，整天無憂無慮，把債務還清，就好了！不像亞婕和力平、我和佑竹、晏慈和柔安、點好，一個醫生、一個經理、一個秘書，唉！錢賺的不多（除了亞婕以外），債務又一堆，晏慈那組和我們這組，無緣無故又生了很多小孩，要幫孩子買玩具，生日的時候還得帶他們去遊樂園玩，好麻煩喔！（這些是從額外支出裡抽到的）遊戲剩下十分鐘，佑竹和亞婕不停的買股票、賣股票，最後我們剩下的錢是 22,000 元，欠 750,00 元的房貸。

上了這個課程，我深深體會到爸爸媽媽賺錢是多麼的辛苦，既然錢很難賺，就不要亂花。還有一定要好好讀書，找到好的職業，才能提高收入與所得，這樣每個月就不必為錢煩惱。當然我也希望可以再吸收更多理財知識，提早為未來生活做準備。

1-2

惜福園遊會，給小三生
最難忘的金錢教育訓練

■ **課例示範**　康軒版三下《社會》第三單元「家鄉的消費與生活」、康軒版三下《數學》第四單元「統計表」

■ **預計成效**　從校內園遊會的【做生意體驗】，理解「創造差異化」的重要，再實際的活用數學課的統計表。

■ **社會人文**

國際	地理	歷史	心理	經濟	政治	法律	文學
				✓			

■ **學習型態**

參觀訪問	蒐集資料	筆記整理	欣賞體驗	討論報告	實作練習	調查分析	省思寫作
			✓	✓	✓		✓

■ **核心素養**

A 自主行動			B 溝通互動			C 社會參與		
A1 身心素質與自我精進	A2 系統思考與解決問題	A3 規劃執行與創新應變	B1 符號運用與溝通表達	B2 科技資訊與媒體素養	B3 藝術涵養與美感素養	C1 道德實踐與公民意識	C2 人際關係與團隊合作	C3 多元文化與國際理解
	✓	✓	✓			✓	✓	

⊛ 溫老師怎麼想

　　錢並非萬能，但，沒錢卻是萬萬不能！很多人愛錢卻不願談錢，尤其在家庭或學校，我們常讓孩子錯失認識經濟、學習商業模式的好機會，更別提「賺錢」這檔事了。許多絕佳的機會教育，就這麼擦身而過。

老師，你教學生做生意賺錢嗎？

　　大家都說現在孩子是「草莓」、「水蜜桃」、「靠爸一族」、「啃老族」……然而，我們卻忘了自省：孩子之所以變成這樣，大人也有責任！

　　我們從未讓孩子感到匱乏進而理解自給自足的重要；學校或家庭也不曾主動打造讓他們能接觸到經濟層面的環境。像美國的父母會鼓勵孩童在自家門口擺攤賣檸檬汁來賺零用錢，而我們卻連讓孩子做點家事都擔心會影響他讀書考試的成績，並且養成他們飯來張口茶來伸手，想買什麼就向父母討錢的習性。結果，這樣長大的孩子一旦進入社會，面臨殘酷的生存競爭，很直覺的就想退縮到父母的保護傘底下，遑論養活自己或有工作能力！

園遊會，金錢教育的最佳體驗！

　　難道，台灣的孩子就沒機會在生活裡鍛鍊這方面的能力？非也，每所中小學每年至少有個特定日子可讓學生體驗如何做生意或消費，校方也絕對會很鼓勵他們投入商業行為——這個日子就是「園遊會」！

　　園遊會是個可讓孩子體驗做生意的好契機！如果我們將擺攤賣東西視做一場微型創業的話。在活動之前讓孩子分組探討「做生意」的正確觀念，當天也讓他們真槍實彈的上場「營運」；活動過後，大家不再聚焦於「賺了多少錢」，而是將回顧重點放在「創業的檢討與省思」，並請

孩子去觀摩、分析其他攤位的成敗⋯⋯最後，再將「園遊會創業體驗」過程以文字記錄下來，請孩子寫下自己「首次創業」的實務經驗與心路歷程。你說，這樣的園遊會怎不具有教育價值？

🖊 溫老師怎麼做？

在帶三己的那年，南大附小為慶祝兒童節舉辦了一場「惜福園遊會」，讓孩子帶些自家不再使用、但仍完好無缺的物品到校販售。當日賣出二手物的收入，則讓各班自行討論是要捐為愛心基金或留下來當班費。如此難得的好機會，我怎能放過！很快的，這場活動就轉化成孩子的「第一堂賺錢課」了。

一堂賺錢課，拋給孩子的三個問題

在請孩子規劃這場惜福園遊會的「生意」之前，我請他們先思考以下三件事。

1 商品如何「差異化」？

2 透過買賣過程，我可以學會哪些「未來職場」的能力？

3 一舉「數」得：園遊會跟統計表如何相遇？

Step 1 學會定位的商業思維

「園遊會的攤位，大家賣的東西都大同小異，你要如何殺出一條『血路』？」一開始我就拋出這問題讓孩子思考。

「差異化」是做生意的第一步。此次的惜福園遊會類似跳蚤市場，校方規定每個班級都只能賣二手貨。在這狀況下，販賣手法若沒經過差異化、打造出攤位的獨特性，勢難吸引顧客上門。

Step 2 拓展未來的職場能力

先前我已透過社會課讓孩子訪問店家，試著去觀摩、訪談商人如何做生意。這次，何不藉著園遊會來延續這方面的學習，讓他們進階試著「自己做生意」？

我鼓勵他們思考：做生意時需要考慮到哪些流程？如何服務顧客及觀察客人的消費行為？還有，哪種商品最受歡迎？……這些都是生意經，也是賺錢的心法。

Step 3 結合數學課程的表格

這時，數學課正好教到統計表的單元，於是我順勢讓孩子自行挖掘表格的一些功能。比如，它可幫我們統計園遊會攤位「生意」的各項數據；或者，借助它便於呈現多項資訊的特性，製作輪值表、小記者訪談表格等文件。這下子，看似與生活相距甚遠的數學，卻因為有機會應用在實際的生活情境，孩子更能體認到它的價值與意義。

△ 統計表在哪裡？　生活中哪裡用到？
用什麼「樣貌」出現？
有不同的功能嗎？

△ 園遊會→統計表　1. 什麼是統計表？
2. 統計表的功能？
3. 「它」可以在我們的園遊會「協助」
解決什麼問題？

△ 園遊會超級統計表

數學＋社會，擺攤團要磨拳擦掌囉

素養 規劃執行與創新應變：辦活動＆做生意

任務 銷售園遊會二手物

　　對小三的孩子而言，讓他們全權規劃生意手法、思考賺錢策略，可不是件容易的事！因此，先由老師設定「以遊戲吸引顧客」的規劃方向：。

Step 1 確立差異化的好生意——「套套樂」遊戲

　　全班經過討論，決定選擇「套圈圈」的遊戲。他們還自訂遊戲規則：獎品價值從 10 元到 50 元不等，每件獎品都分區標價。客人花 10 元可套三次圈；套中的成績越好，可選擇的獎品價碼就越高。當然，不想玩遊戲的也可以直接購買。

孩子齊心協力做生意：有的招呼客人，有的解說，有的遞圈圈，還有人專門負責提供安慰獎

Step 2 擺攤時每個人要做什麼？擬定工作輪值表

　　接下來，我讓孩子進一步構思營運細節。將全班分成四組，每組各自負責在不同時段照管攤位。在此階段，我又丟出一個思考點讓各組自行討論：「若要讓顧攤任務、套圈圈遊戲都能順利進行，我們必須做到哪些工作？」

　　請孩子分析顧攤時需要哪些職掌，順道也讓他們練習如何分工合作。孩子最終討論出以下工作內容。

1 撿圈圈——撿客人在套二手物品時丟出的圈圈。

2 給圈圈——給客人圈圈（花 10 元可得到三個圈圈）。

3 帶客人選獎品——獎品套中成績決定客人可以選多少元的獎品，要有專人提醒顧客選獎品別選太久，以免影響後面顧客的等待時間。

4 收錢——協助收錢並且看管好。

5 推銷——向客人推薦攤位的好康，吸引更多人上門。

6 諮詢——回應客人的疑問。

7 心理輔導——安慰那些投不中而感到挫折、難過的客人，並告知對方「還可挑選安慰獎」。

Step 3 提列訪問顧客的問題清單——消費市場調查

沿襲先前拜訪里長、採訪店家的活動（詳見《溫美玉社會趴 2》行動篇），此次我請孩子轉換角色，改以「店家」身分調查顧客滿意度。我在課堂上讓孩子動腦思考：「訪問顧客的問題可以區分為哪些類別？」「要問什麼樣的具體事項？」大家討論出的內容，約如下列幾種。

1 價格：是否合理？

2 喜好：你為何選擇光顧這個攤位？

3 遊戲：你覺得好玩嗎？為什麼？

4 改進：我們有哪裡需要改進？

5 服務品質：如果滿分為 5 分，你會給我們打幾分？

6 物品：你最喜歡哪一類的物品？

透過上述練習，我期待孩子能慢慢領悟這個道理：摸清楚顧客的喜好並順應他們的需求，是店家生意興隆的商業祕密。

Step 4 了解顧客喜好——人氣商品的統計與分析

接著，再帶領孩子為商品進行分類，並要求部分孩子在園遊會現場同

步記錄並統計這些商品的銷售狀況。這一系列討論，讓孩子更明白做生意的技巧，以及自己在這場體驗活動裡該投入的工作目標。暖身到這個階段，每位孩子都迫不及待園遊會的到來。

統計表如何成為推動流程進行的利器

數學課的表格，遇上了藉著園遊會來強化消費理財觀的社會課，前者的抽象概念透過實際活用而獲得了實踐。

Step 1 **全班一起製作「組員工作分配表」**

為讓孩子對這項任務產生真實、急迫的感覺，我刻意在園遊會前一天才安排「統計表」的教學。

首先，讓各組自行討論工作內容，再把每個人的工作時段與要做的事情製成一張表格，表格裡必須包含人員、工作內容等欄位。

大家經過討論與分享，結果卻發現一個大問題：分成五組，結果表格就有五種格式。我問他們：「可不可以把這五個表格融合成一個就好呢？讓人員、工作內容、工作時段，全都只要看一張表就可知道。」此時，全班集思廣益，極力思索還可以怎麼做。

「橫列記工作內容；直欄記時段，欄位裡再寫下該時段輪值同學的姓名！」當有孩子提出解套方案且全班發現可行時，班上頓時充滿了興奮的驚呼。我相信，經歷過這場全班一起改良表格的過程，他們才真正體會到

△ 園遊會超級統計表

一、工作人員分配

1. 時段

2. 人員（是誰？）

3. 做什麼事？

表格的便利與實用。我最後做了結論以強化他們的體悟：「其實，表格的最大功能就是：把繁雜的訊息用一個表格來清楚呈現。」每個孩子都大力點頭，同意統計表有多麼便利，也驚嘆這個偉大的發明！

Step 2 練習用表格做採訪與紀錄

表格的功能可不只這一種！除了便於統整繁雜訊息的「組員工作分配表」，我也帶著全班討論，將訪談顧客的問題製成便於在現場採訪、速記的表格。還有，我們也可將商品分門別類，在現場隨時記下各類物品銷售的累計數量。

第一次的表格（基本款）
時段 9:00 ～ 9:30

人員 \ 工作內容	檢圈圈	給圈圈	選物	收錢	推銷	諮詢	安慰
組員 1	✓						
組員 2			✓				
組員 3						✓	
組員 4				✓			
組員 5					✓		
組員 6		✓					
組員 7							✓

後來修改好的表格

工作內容 / 人員 / 時段	撿圈圈	給圈圈	選物	收錢	推銷	諮詢	心理輔導
9:00 ~ 9:30	3	11	21	25	16	7	27
9:30 ~ 10:00	10	8	6	26	18	23	20
10:00 ~ 10:30	9	5	22	1	14	12	19
10:30 ~ 11:00	2	4	15	17	20	24	28

全班經過討論，將「時段」也放入表格。前頁為孩子先前的設計，上為納入時間元素的修正版。

Step 3 讓孩子自己完成「做生意」的任務

　　雖然事前已預設了要將這場園遊會的銷售活動扣住社會課及數學課的教學目標，但到了當天，我自己其實也無法確定這群三年級的孩子是否還記得他們肩負了「做生意」的任務，只能抱著「有最好，沒有也不需得失心太重」的正向心態。

　　在活動現場，老師盡量不去介入買賣活動。除了幫忙顧錢，

將那些要採訪顧客的問題清單，製成方便在現場速記的表格。

我只是在一旁擔任觀察者
的角色：觀察孩子顧攤、
做生意的狀況。

　　很令我感動的是，幾
乎沒有孩子忘記自己的職
責！到了該輪值的時段，
每個人都一定到場，全力
以赴的應對客人。我還發
現，有幾位孩子甚至在非
自己輪值的時段也留在攤
位盡力幫忙。

販賣物品時間	玩具	布偶	生活用品	文具	飾品	合計
2016.3.30 物品販賣統計表						
9:00 至 9:30	正一	正正	正正下	正正	正正正	
合計						

我們還可利用表格來統計顧客購買了哪些商品。

　　由於全校只有兩、三攤搭配遊戲來增加二手物品的銷售吸引力，我們
班上的「套圈圈」又充滿了趣味與挑戰，因此生意盛況空前。開張才一、
兩個小時，東西就幾乎要賣光了！

　　孩子看自己初次做生意就這麼成功，莫不歡欣鼓舞，工作就更帶勁了。
負責招攬客人、帶位的孩子，吆喝朋友來嘗試的聲音更加的熱情；負責
心理輔導及商品諮詢的人，也都充分發揮客服精神，處理顧客的疑問、
安慰屢次套不好的顧客。我聽到有孩子跟對方說：「差一點點就中了耶，
要不要花10元再試一次？」我暗笑，這根本是以「安慰」之名行「推銷」
之實吧！此外，孩子也在訪問客人關於他們對攤位的滿意度時，了解到
做生意的核心精神：除了賣東西，也要讓客人有好印象、了解客人的喜
好與需求。

　　事前分配每個人的工作職掌，讓擺攤創業這件事得以順利進行，孩子
不至於在現場只是手忙腳亂的瞎忙。最後，當我們看到全班攜手合作的
銷售成績──幾乎所有貨品都賣光了，每個孩子都興奮又自豪！

　　帶著滿滿的成就感回到教室，我隨即帶領孩子進行結算。計算這次擺攤總共賺了多少張千元鈔、百元鈔，以及有多少個零錢，這可是複習數學加減的最佳應用呢。

　　「竟然賺了四千多！」算出來的金額讓全班大聲歡呼。但，高興歸高興，若沒配合寫作，這樣的成果不過是瞬間的燦爛，並無法在孩子心中留下什麼啟示。因此，我又帶著孩子回顧這一連串的歷程，並且討論「能讓生意成功的要素有哪些？」針對這個提問，師生共同理出許多要點，像是配合遊戲吸引顧客、先開放內銷、商品品質好又便宜等。

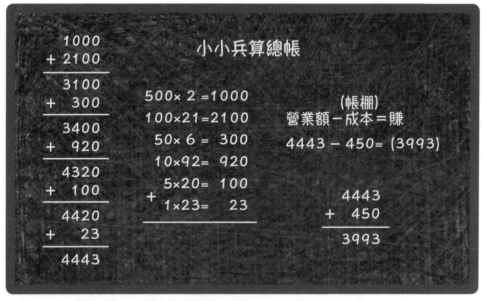

師生一起點鈔「算總帳」，溫習了加減運算，也強化了成本與盈餘的理財觀。

　　當孩子思考了這些問題，就能看清「讓生意變好的要素」。接下來，我請孩子如同播放紀錄片，在回家作業的作文裡，詳實呈現這次園遊會的事前準備工作、當天盛況、會後成果等過程。

題目：我從「惜福園遊會」學到的事

1 什麼是「惜福園遊會」?

2 準備工作：

- 物品

- 課程設計——數學「統計表」＋園遊會

3 本班攤位今天的銷售情形?

- 遊戲
- 諮詢＋心理輔導

- 銷售
- 完售 4443 元

4 分析致勝原因：

- 內銷
- 便宜

- 物品特殊
- 遊戲

5 說明這次園遊會特色：

- 捐食物
- 婚紗展

- 二手物

孩子對活動的實況紀錄

學生Ａ：今天的銷售真是讓我驚訝的目瞪口呆，因為班上賣東西的速度好快好快，比我以前讀的學校差好多（註：這孩子是轉學生），禮物一直送，遊戲也很多人玩。有個六年級的大哥哥玩了三四次都只套到10元的角錐，在我的輔導之下，買了一次又一次，終於在第五次套到20元的角錐。我們最後結束在算錢時，全部賣完，一共有4443元，減成本價450元，所以一共有3993元，我知道了好開心，好有好有成就感。

學生Ｂ：園遊會開始了！第一次由第一組先來賣，一接手，客人就來了，從來沒有停過，要換第二組時，都無法交接。客人還一直問我們問題，三己的人氣真旺！我們的遊戲一下子就吸引很多人，而且根本不用推銷，客人自己就上門了，自然而然，銷售率很高，幾乎都賣完了。我們訪問客人時有的直接跑走，有的接受訪問，沒接受訪問其實也沒關係的！我們的心靈輔導也很棒，不讓客人的手氣影響到他的情緒，最後，我們結算時，共賺到4443元耶！好開心！

一場人人都被肯定、需要的園遊會

隨著園遊會日期越來越近，我發現孩子都沒來找我幫忙，於是主動關心，只見她信心滿滿微笑的說：「放心，我們都已經安排好了！」這下反倒讓我好

奇起來………

一問之下才知道，原來溫老師利用三堂數學課的時間，把他們正在學的統計表結合園遊會擺攤，工作分組及排班時間都已經搞定了。哈哈，真是高招！聽說孩子們在課堂上，與溫老師討論歸納出七種工作內容：「銷售二手物品類」➔ 推銷、諮詢（回答客人問題）、算錢；「遊戲套圈圈類」➔ 撿圈、給圈、心理輔導（沒套中時在旁邊鼓勵再試一次）以及給禮物（沒套中時給出安慰獎）。全班分成四組，每組七個人，有七種工作，所以每個人都有工作要負責。

我好喜歡這樣的規劃過程和工作分配，不管孩子的能力如何，每個人都期待在團體中被需要，被肯定。有明確的工作分配和時間，讓孩子有規則可循，很踏實。另外，能在課堂中全班一起歸納出工作項目，每個人都更清楚自己和同學該做什麼？為什麼該做這些事？大部分的孩子因此在面對可能發生的臨時狀況，會更有信心面對，也增強他們參與的動機和熱情，因為他們知道「自己為何而戰」，呵！一部分的孩子更能因此學習到從設立目標 ➔ 增強動機 ➔ 規劃內容 ➔ 付諸行動的能力！然而最棒的是，這些學習又與正在上的數學統計結合在一起，讓孩子們實際看見統計與表格的實際應用，實在是一舉數得啊！

我發現孩子在這次的園遊會裡，的確展現出比以往更多的自信和喜樂！園遊會本身主題就很有意義，除了鼓勵舊資源再作新利用；輔導室更邀請安德烈食物銀行舉行「幸福一日捐」活動，讓孩子體驗「施比受更有福」的生命教育。

自己籌辦夏令營，小四生初嘗創業的甘苦經驗

課例示範　無相關課例

預計成效　藉由擔任「夏令營主辦人」，探索自我特長，同時訓練如何統籌規劃的做事技巧，以及承擔責任的勇氣。

社會人文

國際	地理	歷史	心理	經濟	政治	法律	文學
				✓			

學習型態

參觀訪問	蒐集資料	筆記整理	欣賞體驗	討論報告	實作練習	調查分析	省思寫作
		✓	✓		✓		✓

核心素養

A 自主行動			B 溝通互動			C 社會參與		
A1 身心素質 與自我精進	A2 系統思考 與解決問題	A3 規劃執行 與創新應變	B1 符號運用 與溝通表達	B2 科技資訊 與媒體素養	B3 藝術涵養 與美感素養	C1 道德實踐 與公民意識	C2 人際關係 與團隊合作	C3 多元文化 與國際理解
✓	✓	✓	✓				✓	

✦ 溫老師怎麼想

　　期末了，原本正煩惱這次「社會課主題報告」要讓孩子做些什麼，一張「夏令營」宣傳單讓我靈機一動，決定將這次的報告主題設定為：籌備人生第一場夏令營！

七大學習，邁向成功之路

　　請四年級的孩子試著籌辦夏令營，除了它很接近這群孩子的生活經驗，這種練習也可達成以下效益。

1　認識自我：光是探索自己適合開辦什麼樣的營隊，就是一場自我解析的過程。透過籌辦夏令營活動的過程，孩子不但可以更認識自己，也能趁此精進自己的特長。

2　合作、溝通：與「合夥人」一起協調營隊的主題、時間、地點並分配工作，每人互相交換意見、找出彼此同意的結果，這將是最好的「合作學習」。

3　解決問題：「當經費不足、招生困難、場地租借困難時，該怎麼辦？」例如，有位孩子原本要辦游泳營，後來卻發現場地太貴、負擔不起，因此果斷放棄，改辦「可行性較高」的手作營，教學員製作橡皮筋手環與史萊姆。

4　創意實踐：平時總是天馬行空的孩子，這回終於有個舞台可以實踐腦中的點子了。完成自己從沒想過的事，這份成就感是外人難以想像且無與倫比的。

5　主動積極：看到孩子每次下課就抓緊時間討論夏令營的細節、發宣傳單，認真又積極的為某件事努力，完全體現了自主學習的精神，可不是被老師逼著往前走的學習可以比擬的！

6 同理悲憫：孩子平常可能會嫌棄夏令營：「好無聊喔！不想上了！」「這夏令營好爛！」直到自己籌辦之後，方能了解身為老師或籌備者所需顧及的層面有多麼複雜，進而同理別人的辛苦。

7 職場接軌：當孩子實際執行過一場活動之後，就能明白統籌一場大型活動並非像表面看起來那麼單純，必須顧慮到經費、講師、時間、安全等層面。他們嘗試的這些工作內容，其實都與未來在職場上必備的應對進退、全盤思考等能力高度相關。

最後，我想提醒各位師長的是：別總認為「孩子年紀還小，不可能做到！」也別因為他們在規劃或執行時無法像大人那樣周到、完美，就擋在前頭箝制他們。請好好把握他們這種「初生之犢不畏虎」的傻勁，促使他們完成一場能讓他們多年後回想起來都會為自己驕傲的「夏令營」壯舉吧！

⬤ 溫老師怎麼做？

由於學區的關係，南大附小的家長向來很願意拓展孩子的學習領域，學生通常在寒暑假都會參加各種校外活動：旅遊、才藝班，還有各種營隊。讀四年級的孩子，參加夏令營的經驗已相當豐富了。既然如此，何不讓他們試著籌畫、執行一次營隊呢？

我們小四，自己舉辦「夏令營」！

`素養` 規劃執行，人際與團隊合作：籌辦主題夏令營

`任務` 1. 找人合作；企劃主題；3. 招生與上課

「這次請你們自己分組辦夏令營。主題自選，要招收的學員就是你認識的朋友或同學……」孩子以往只是參加夏令營，聽到這次自己要化

身為夏令營的「主辦單位」，莫不躍躍欲試。這項任務才指派下去，他們就興奮的開始尋找「合夥人」，期待能創造一個既受歡迎又能賺錢的營隊。

電腦應用能力強的孩子，舉辦的電腦夏令營吸引了幾位同好來取經。

Step 1 **思考與討論：如何籌辦營隊**

由於這是他們人生第一次舉辦夏令營，我從旁引導他們分兩階段去思考、討論這件事該如何著手。

1 個人思考：自己最適合舉辦哪種夏令營呢？我請孩子審視自己的專長：「有什麼是可以教別人的？」透過這個思考過程，孩子可逐步認清自己的定位與長處；同時也能趁著執行營隊的機會，試試未來職涯的水溫。

2 小組討論：當班上學生都分了組，孩子就像小螞蟻般開始勤奮工作了。有人設計海報、有人寫傳單、擬定時間與地點………，完全不需老師盯進度。不僅如此，他們還搶著向我報告：「老師，你看我們做了海報！」「我們已經招了兩個人了！」積極程度令人大為吃驚。

Step 2 規劃一份詳細的計畫書

當各組提報方案之後，我針對當中顧慮不夠周全的細節逐一提問。「如何吸引人願意參加？」「如何讓家長放心的把孩子交給你們？」「課程怎麼安排？」問完之後，就看他們如何去完善自己的企劃囉。

為使這份規劃更為周全，我請他們利用假日來擬定計畫書，並規定裡面應包含以下內容：

1 發想——想辦什麼主題？辦此主題的目的？

2 工作分配——每個組員的工作內容？（例如：買材料、上課、攝影……）

3 課程設計——上課流程、教學內容？

4 財務報告——所需成本（買材料、借場地……）、報名費要設多少錢才能回本？

5 師資介紹——如何說服家長相信老師的專業？（老師經歷）

6 海報設計——海報要包含哪些內容？要納入哪些資訊才能讓人輕鬆知道報名方法、課程內容？

7 招生狀況——目前報名情形如何？人數是否足夠？

Step 3 向他人請益，聽高手的經驗談

　　除了撰寫計畫書，這次也順道讓孩子練習即興演講，透過「口頭報告」＋「錄影」＋「上傳影片到班網」的方式來報告進度。同時，還要求他們訪問學校那幾位辦營隊經驗很豐富的資深老師，聽聽他們的經驗談。

1 邀一位經常舉辦夏令營的老師到班上分享自己在這方面的經驗，以及一些應留意的事項。例如：若能在每次課程的後期加入比賽，可激發組員努力、精進的心，也可為這次上課的學習內容來場最終檢驗。另外，設立榮譽獎勵制度（每次結束頒獎、統計點數）的方式亦可讓孩子願意多次連續上課。

2 開放孩子提問，說說自己舉辦夏令營時所遇到的問題，並讓前輩替孩子解惑。例如，孩子問：「教電腦的營隊該如何安排比賽？」師答：「可預留 20 分鐘讓小組合作完成一項作品，再藉由分享彼此作品來觀摩別人怎麼做，自己也能學起來。」

3 請孩子上台發表、回饋，談談自己在這階段學到什麼，還有哪些地方需要修正或是仍有進步的空間。

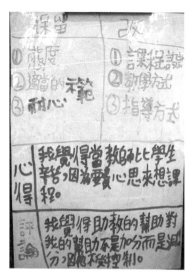

想法：
1. 課程要先規化好如：時間、地點
2. 目地：讓大家知道營隊用處
3. 中間有人退隊，退錢倍數。(士、另)
4. 要有有趣的事：玩遊戲、比賽
Q：如果是手作要如何比賽？
A：背後講一個故事，讓物品更有優
Q：如果招不到生要怎麼辦？
A：報名單上就要說人數若低於幾人，就不開班。

常辦活動的老師提供不少的經驗談，學生當場將要點整理在小白板。

保留　改
①態度　①課程安排
②適當的範　②教學方式
③耐心　③指導方式
心得：我覺得當教師比學生辛苦，因為要用心思來想課程。
評論：我覺得助教的幫助對我的幫助不是加分而是減分，因他不受控制。

擔任營隊「指導老師」的孩子，利用表格來整理思緒。

尋寶夏令營 (學員)
建議：可以照年紀分配組別，也有適合的照片，最後在一起找一張簡單照片，也可以有更多變化，讓大家都有成就感。
優點：很有趣、不易受傷、已加我們的營察力。
心得：我玩玩覺得很有趣，雖然找不到真的寶，但樂趣是在於努力找到照片時的汗水。

參加夏令營試教的「學員」也藉機鍛鍊觀察與思考的能力。

Step 4 測試階段：試教與修正

　　成功商品在上市之前得通過各種測試，甚至試賣，以期變得更完美。夏令營活動也是如此！接下來就到了各組的「試教」階段，當然，孩子也可趁機再次修正營隊的活動內容。

1 分組體驗：部分孩子當「老師」，部分孩子當「學生」，請他們實際演練一遍自己規劃的營隊活動流程。

2 回饋與修正：體驗之後，擔任「老師」或「學生」的人都要反省，並將自己的感受回饋彼此，讓「老師」具體知道哪些地方還可再修正。

　　整套教學活動還沒結束就遇上連續假期。「請利用連假在自己家裡再試教一次吧！」我鼓勵孩子努力做好這件事。當然，假期的回家作業也包含即興演講的練習，請他們在鏡頭前談談自己的試教心得，報告營隊工作的最新進度等。如同往例，錄好的影片要上傳到班網跟大家分享。

Step 5 反省寫作：回顧與省思

　　延續以往的教學模式，我請孩子透過寫作來回顧這場學習。以下是這次的寫作綱要。

寫作題目：夏令營──我的檢討與收穫

　1 簡單介紹自己的夏令營課程內容

　2 為了開課，你做了哪些工作？請一一介紹。（事實＋情緒＋文學想像）

　3 過程中，你碰到最大的難題是什麼？你如何一一克服？

　4 今天請韋澄老師來分享經驗，你學到的有哪些？

　5 今天試教或當學員，你看到的優缺點有哪些？如何克服？

　6 溫老師請你完成這件工作，請寫出四項收穫及成長。

　7 請訪問家長，針對這項活動給你建議、協助以及鼓勵。

學生心得集錦

學生 A 的試教心得

這個學期末我開始我的夏令營計畫，首先我找了幾個人一起跟我合作，找人的時候還跟別人起衝突，找到人以後我開始製作海報，這張海報花了我一星期的時間製作，此外我還找了小叡和我一起做 PPT。而且還找了八個學生，但是看似順利的過程卻發生了大插曲，首先是小叡忽然說他沒有空（暑假），我接受了。但是另外一件事來了，有七個學生說不來了，所以只剩一個學生。上課時還有兩個一年級的來亂，重點是他們每次都來，而且還會把球偷走、把道具弄亂，還把我搞到崩潰好幾次。經由這次的經驗讓我了解當老師或教練的辛苦。

學生 B 的執行心得

我覺得這次的夏令營好像只有我在執行。因為有二分之一的課都是我在教。更何況這些學生都是我找的。我認為這次最大的錯誤是沒有在室內進行；因為沒有桌椅，也沒有講台。我覺得這次夏令營辦的不太好，因為只有兩個學生，而且我覺得他們沒學到什麼，因為他們老是請假。

學生 C 的試教心得

我是一個喜歡當老師，且愛有模有樣去教導同學的人，溫老師不知道是不是聽到了我的心聲，她要我們來舉辦夏令營，我和一位女同學一組。我們討論過後決定要舉辦鬼口水與手環編織（如有時間便會教桌遊），但招不到學生，所以我們便跑去幼兒園招生，不過我們的招生狀況依然沒有好轉。所以我們就決定招收自己的兄弟姊妹和左右鄰居，這樣總算是鬆了一口氣。

或許我太早以為已經結束了可以休息一下，沒想到更難的還在後頭。其實

當老師非常的難，因為學生在上課的時候有地方會不懂，你必須有耐心的教導他，以免他做出來的作品會變得很奇怪，這樣家長就不太想讓他再來參加，所以我必須盡我所能教導學生。但因為學生有些比較小，所以要講好幾次他才會懂，這就是讓我很苦惱的地方。想想我以前也是這樣；這或許就是人生歷程吧！如果有機會你也一起來參加夏令營吧！我真的真的很歡迎你們喔。

差別大不同

我認為在教室裡，教學生比較容易，因為跟自己同等年紀，所以理解力相當，他們比較懂我們所教的課程，但因為夏令營開課教的學生比較小，所以他們會比較難理解我們的意思，就像是，我們說東他做西，但他們也不是故意的，所以你必須有耐心的教下去，這是我認為最不一樣的地方。

話雖如此，但是在教室還是有些難題，就因為同學跟自己一樣的年紀，所以如果你講錯了，那他們會覺得很奇怪就會笑你，壓力會比較大；夏令營教的小朋友年紀較小，所以比較遲鈍、天

真，所以你唸錯他還不太會去注意，你失敗他也不會笑你，這就是教小朋友的好處，而且他們也會胡搞瞎搞，最會讓我們很開心、很好笑、很歡樂，這就是當老師的樂趣吧！

我真的教的很開心，大家都很開心，如果有機會、有時間，我還想再做一個夏令營，這樣不只能讓自己跟別人的感情變好，還讓所有人都變得很高興、快樂，所以我很喜歡做夏令營。雖然一開始有一些困難，有些難抉擇，但我還是努力撐過了，這個世界上有許多好玩的事在等著我們，但途中一定會遇到許許多多大小事，有些開心、有些悲傷、有些難過、有些憤怒，這樣到最後會變成一段美好回憶。

這一次我們做的夏令營，雖然沒有賺到錢，但我覺得很值得，而且可以讓別人學到許多在課堂上無法學到的知識，這點是很大一個要素，如果沒有我的老師～溫美玉，那我就不會想到這個有趣的課程，也不會有這段回憶，很感謝大家的支持和配合，我一定會永遠記得這項好玩的活動，它讓我回味無窮！

孩子擁有自主權的生活化教學

溫老師的班級，是體制教育裡的天堂。在溫老師的班上，孩子們學習寫小說。雖然寫小說其實是暑假作業或是寒假作業，孩子學期中還是繼續寫，不為了什麼，只是因為這是「他」的。是他的創作，是他的成就感，是他要出版的作品。

不是為了分數、得獎（已經得過獎了），也不是為了取悅大人（老師也不知道吧）。

每週的即興演講也是這樣。孩子們練習演講。講到後來，不僅習慣演講這件事，而且愛上了演講。就算沒有內容也可以「用一點細節胡謅」。原本老師說，若是沒有在班級的 FB 社團 post 影片，學校每周要抽到別班時，那麼他就代表到隔壁班去做即興演講。

後來，孩子很有興致，在家錄了影片，也放上社團，還是希望可以被送到隔壁班做即興演講，「因為很好玩」，

而且，還有人會主動爭取到別班即興演講。老師讓孩子們辦夏令營。三個孩子一組，我家孩子這一組的主題是「歷史與兵法」。在七月的五個星期六，三點鐘聚會，一次 40 分鐘。

內容包括蜀國、魏國、吳國的人物、戰役、和戰略，也包括分組的戰略演練。歷史與兵法，這正是孩子多年來的興趣。

從想法、計畫、到執行，就連行銷、招生也是要自己來。（這似乎不是個「虛擬」的夏令營！據說已經收到五個學生了。）這樣的「翻轉」教育實在是很顛覆。

傳統的思維是父母要在有限的預算中，思考可以讓孩子參加哪些營隊最合乎經濟效益。現在孩子可以自己主辦夏令營，在這樣的過程中，不僅體貼媽媽的荷包，相信孩子獲得的經驗是更寶貴和深刻的。

我看到溫老師的教學是很生活化的，是和生活息息相關的。在這樣的學習中，孩子累積各種「生活」中重要的能力，像是口語上的溝通、書寫的溝通、與人合作、了解自己、挑戰自己。而且在這過程當中，孩子擁有自主權，他們選擇題材，他們可以為了自己而全力以赴。這與一般上對下「灌輸」的學習有很明顯的對比。孩子不是處於「被安排」的狀態，也不用去應付大人。而當老師相信孩子可以做得到，孩子也真的就可以越來越好。

溫老師下次會帶孩子做什麼？

「媽，溫老師要我們自己辦夏令營招生欸。」某天小安這麼說，跟著溫老師快兩年聽到這樣的話已經稀鬆平常，不需要扶心臟、掉下巴。「哦！那妳要開什麼班？」一如平常，我只要在旁邊看「好戲」就好。

「我要開足球營，名字可能是心滿意『足』、美中『步足』，媽妳知道還有什麼足的成語？」什麼！連名字都取好了！這次是來真的？弟弟從旁鑽出頭來說：「姐姐，妳要開足球班？我也要參加！」這下連組員都招募到了，看來是真的了！

回想我自己一直到高中因社團招生，才參與人生第一次的團員招生，不過也只是在海報上寫幾個字，然而小四的小孩在溫老師的帶領下竟然開始自己籌辦夏令營，從發想、規劃、財務支出、師資、海報設計等一步步往前。

看著小安的計畫書，雖然是手寫本，但是內容結構具體而微，表格分項不亞於上呈公司的計畫書。不論最後這足球

營是否開踢，一個小四學生對提案、發想及計畫書的撰寫已有基礎，對於未來人生將會是一大助益！希望她能將這次的學習深刻印在腦海裡。

溫老師，下次是什麼呢？讓小孩去市場賣菜呢？還是下海去捕魚去？

1-4

當「生意失敗」了，就趁機來鍛練逆向思維

■ 課例示範 翰林版六上《社會》第二單元「生產與消費」

■ 預計成效 藉由一次「全權交由孩子主導的創業考驗」，讓孩子領悟「成功創業」有哪些要素，進而培養更周全的觀察力與系統化思考。

■ 社會人文

國際	地理	歷史	心理	經濟	政治	法律	文學
				✓			

■ 學習型態

參觀訪問	蒐集資料	筆記整理	欣賞體驗	討論報告	實作練習	調查分析	省思寫作
		✓	✓		✓		✓

■ 核心素養

A 自主行動			B 溝通互動			C 社會參與		
A1 身心素質 與自我精進	A2 系統思考 與解決問題	A3 規劃執行 與創新應變	B1 符號運用 與溝通表達	B2 科技資訊 與媒體素養	B3 藝術涵養 與美感素養	C1 道德實踐 與公民意識	C2 人際關係 與團隊合作	C3 多元文化 與國際理解
	✓	✓	✓				✓	✓

✪ 溫老師怎麼想

生：「老師，我們要做扭蛋機！」

師：「有沒有想過，努力做完機器後，要用什麼方式，例如獎勵制度，來吸引顧客呢？」

生：「老師，我們的槍戰要不要設計搶對手旗子的作戰？」

師：「槍戰採用複雜的規則，會不會評分困難造成糾紛？」

生：「老師，我們要用鉛筆射氣球！」

師：「咦？用鉛筆有辦法射破氣球嗎？若筆斷了要一直削，時間上來得及嗎？」

如果孩子表現不如預期，大人要收回主導權嗎？

本篇登場的五戊，成員跟前兩篇的三己、四己不太一樣。由於學校在他們升上五年級的時候重新編了班，相處約半年的成員能否像先前班級那樣的有默契？這次，孩子跟我都迎來了一場挑戰！

眼看一年一度的園遊會即將到來，學生擺攤的「創業計畫」仍東缺一塊西缺一塊。身為老師的我很緊張，擔心他們會在園遊會當日開天窗。這時，老師該搶回孩子手中的主導權嗎？還是說，我就這樣繼續站在一旁，僅針對他們的盲點給建議就好？

我選了後者——當然，作這樣的抉擇必須要有很強的心臟啦！還好，孩子都沒有在未上戰場之前就繳械投降。在經歷一連串不確定因素之後，我們班終於在園遊會的前一天理出了頭緒。

🌑 溫老師怎麼做？

這次我完全沒讓家長介入，徹底下放主導權，讓孩子自行分組創業。

從發想點子、設計活動、規劃攤位、採買商品，到實際的營運與補給，他們全數包辦了。

這群孩子也很努力。他們從園遊會前三週開始就卯足全力，希望能創出最炫、最引人的攤位。然而，懷抱美好的願景很容易，若要能有效、順暢的跑完流程並達到預期效益，卻是艱難萬分。

園遊會當天，我們班推出的大部分項目都沒有達到預期效果。比如，「套圈圈」這個遊戲太常見了，因此很難吸引到顧客；「扭蛋機」則是欠缺完善又吸引人的贈獎制度；至於讓顧客不斷上門的「飛鏢射氣球」則是成本過高，看似賺了很多其實卻虧本……唯一叫好又叫座的則是我提議的「密室槍戰」：在移開桌椅的教室擺上大型巧拼當遮蔽物，關燈後開始計時，客人用海綿子彈的玩具槍互射，一局 10 元。

先歷經「失敗」，再來找「成功」

素養 系統思考與解決問題：從失敗中學習如何成功
任務 1. 了解創業成功的條件；2. 明白自己失敗原因及改善方式

先前已提過，原本只是吃吃喝喝然後製造滿地垃圾的園遊會，在融入創業思維之後，也可以扭轉成一場讓孩子體驗買賣、學習如何分工合作的機會教育。這一次的園遊會，除了培養多元能力之外，還延伸了學習目標，融入成功學的概念。

Step 1 思考：成功創業的條件是什麼？

老實說，五戊這次的園遊會創業體驗看來不太圓滿。但，失敗為成功之母，我覺得這倒是一次很難得的機會，正好讓孩子從這次的親身經驗裡學到更深更廣的內涵——這些東西，將是陪伴他們一生的重要素養！

在收拾完園遊會的各項事宜之後，我特意花些時間引導孩子省思、領

悟創業成功的要義，並請他們設想：「如果自己還有機會再創業的話，該如何修正並改進？」

　　創業能否成功的關鍵到底是什麼？網路上這篇由張國洋先生撰寫的〈創業成功的九大要素〉，原文刊在「大人學」網站。我從中摘錄了文章精華，稍經改編，整理成下列的「11 項成功要件」。

　　我跟孩子逐一解釋上述 11 個條件，接下來才請他們回顧自己這次的創業歷程，想一想自己到底是缺了哪些要件。

11 項成功創業條件

創業成功的關鍵	值得注意的問題
一、目標顧客	1 要賣給誰？ 2 顧客的年齡、經濟狀況、喜好、重視的事物？
二、主要賣點	1 賣什麼？ 2 產品除了本身之外還有哪些附加價值？（例：刺激的玩樂感、品牌、精美的文青風設計） 3 目前的流行趨勢（結合創意）？
三、產品行銷	1 怎麼把產品推銷出去？ 2 如何宣傳好讓更多人知道？ 3 有哪些客服流程？（例如，當顧客有問題時，怎麼和店家聯絡？）
四、客戶關係	讓顧客滿意、願意再次光顧的策略？（比如，品質好、價錢划算、美好的體驗、良好服務態度等）
五、 收入來源	怎樣做才能賺到錢？（比如，透過折扣、搭配套餐折價、買多少送多少、附贈獎品等促銷活動來提升購買率）

創業成功的關鍵	值得注意的問題
六、 關鍵資源	1 能否以合理的成本，掌握住創業所需的資源？（這些資源可能包含原料成本、製作產品的技術、人力、租金等） 2 能否找到一個不麻煩且又低成本的方法？
七、建立團隊	1 創業時的作業流程？（記得，流程越明確越好） 2 清楚的權力區分、做事方式、回報層級、工作分工、以及支援機制。
八、合作夥伴	1 是否需要跟什麼人合作？（自己創業、合資、找加盟、找投資、考慮出資／分紅的比例，然後再另找擁有其他專長者合作） 2 每位夥伴的特質適合做什麼？（內勤、宣傳吆喝、規劃籌備、思考行銷策略等）
九、 成本結構	1 便宜的商品要壓低成本，主打「便宜」這個優勢。 2 高價位的商品則要強調「好原料、好品質」。
十、 地點時間	1 地點：租金、場地費、室內或室外、停車的便利性、經過人數的多寡（人潮）。 2 時間：氣候、販賣的時機？（例如，適合冬天、或當成消夜的餐點）
十一、未來性	1 還可以跟什麼產業結合？ 2 如何擴大營業？ 3 如何增加新鮮感？

Step 2 檢討：找出失敗關鍵，不要重蹈覆轍

　　雖然業績慘淡，我仍相當肯定這群孩子，他們真的花了許多心思籌備這次園遊會。因此，在展開檢討之前我先鼓勵他們：「有的人非常認真，計畫改了又改。因此，我們雖未畫下完美句點，也不需難過，這可是第

一次『獨立創業』的重要里程碑呢！」我強調失敗的珍貴價值：「如果我是天使投資人，我想投資的就是曾經失敗過的創業者喔！」

引入正向思考之後，師生就聯手積極面對這次的「成功之母」了。我逐一跟孩子討論每一組遊戲的設計缺失，以及可行的修正方向。

1 缺少續航力

規劃「扭蛋機」的這組，花了很多心力製造機體本身，但在抽到扭蛋之後要送什麼贈品的「獎勵制度」上卻沒有花心思。「創業不能只是一頭熱的投入某件事——像在製作扭蛋機的同時，還必須考慮到擺攤時該如何吸引客戶、滿足客人需求等服務層面的事情。」

2 沒考慮成本

「飛鏢射氣球」組則是忽略成本的問題。一開始就沒有去壓低成本、買較廉價的氣球與飛鏢。其實，這些氣球最後都會被射破，所以品質並不需要太好。「你們也忘了考慮每一局應該要賣多少元才能回本。這就是為什麼你們生意雖好，但在扣除成本之後卻沒有賺到錢的原因。」我也提醒全班，成本不光只有原物料這一項而已，像是租買帳篷的費用、人員分紅等，也都應該納入成本的考量範圍。經此一講，孩子才領悟到：「原來事情並沒有想像中那麼簡單哪！」

3 舊瓶未裝入新酒

「套圈圈」可說是園遊會最常見的遊戲了。如果只是贈送糖果餅乾，很難吸引人家上門吧。我建議孩子也可以贈送「驚喜包」。而且還要弄的像抽獎活動一樣，告訴對方裡面暗藏

獨家的「密室槍戰」滿足消費者多方需求，因此叫好又叫座。

大獎:「都是顧客會喜歡的東西喔!」如此一來就會讓人有新鮮感、想來玩玩,並且賭賭自己能否獲得驚喜禮物。

Step 3 抓住成功關鍵,不要讓它溜走

接下來,我繼續沿用這些條件來分析「密室槍戰」為何能成功?

它不只滿足顧客需求(孩子本來就愛玩槍戰,一局 10 元又很便宜),也營造日常生活幾乎無法出現的情境(和別人互射),顯現其特殊性。另外,現場有老師全程坐鎮,一有問題(例如卡彈無法射)就給客戶好的服務(下一局免費)。就這樣,無本生意(槍是孩子本來就有的),又能吸引人不斷回流(玩很多場)、揪團,也難怪人潮不絕了。

Step 4 創業檢討與省思 —— 翻轉寫作流水帳!

接著,我發下自製的學習單,請孩子親寫反省:這次的創業活動,自己各做到多少項成功條件?可以如何改善?給自己打幾分(1 ~ 10)?

跟著各個向度分頭檢視,孩子能更有系統、全面性的回顧。小小年紀就沾上創業的邊,了解成功的「祕訣」,我相信他們日後將會更有勇氣嘗試,而且在做任何事情之前也能考慮的更加周全。

另外,我還要求他們從「創業」的角度分析當天全校各個攤位的「市場概況」:哪一攤最受歡迎?為什麼?請你從消費者的行為、喜好、心理去分析。最後,我要孩子寫下自己在這次創業體驗中的收穫。這樣的寫作模式,相信能免除園遊會心得老是「流水帳」的噩夢,也能讓學校活動展現出通往未來的附加能力!

園遊會分析

1 產業

今天是一年一度的園遊會，大家都很興奮。今天天氣很好，在大太陽底下每個人都快昏了！很多人就買了冰涼的飲料消暑。在天氣很好時，冰涼的東西總是賣得很好，像是冰和飲料。另外，特別的東西也會引人注意，像我們班的密室槍戰，其實很多攤位都有槍，只是我們班可以對打，有人玩了說：「密室槍戰超好玩的，一定要去玩！」而且裡面有障礙物，很刺激，還很安全。除了我們班，還有別班帶牛來學校，可以付錢並和他拍照，這也很特別。

2 消費者

消費者可能是因為好奇而去買、去玩、去做，可是如果價格太貴，他可能會選擇離開。如果是遊戲或吃的，有人覺得很好玩、好吃，就會再去買或再玩一次。我覺得年紀較小的低年級、幼兒園孩子，比較會買很多的東西，因為還

不懂錢的管理和賺錢的辛苦，想買就買都不節制。但長大一點後，有的人就會開始覺得亂花爸媽給的錢很浪費錢，也對不起爸媽，所以就會比較省。

3 成本

賣東西或遊戲的攤位可能生意很好，但真正賺到的錢並不多，因為他賣的東西成本太高了。像是便利商店，要請員工，還有很多儀器和店租等要負擔費用。為了賺到超過成本的錢，他們要賣比較吸引消費者的東西。如果本錢很低，價錢卻訂太高，大家就會不想去買；相反的，本錢高價格卻低，會賠本。

4 建議

我覺得要賣特別一點的東西比較吸引人，當然遊戲也是。我們班的密室槍戰就非常特別，雖然很多人家裡可能就有槍（玩具槍），但你在家很難有機會跟別人對打，所以這個遊戲就吸引人

了。但我們班的另一個遊戲——射汽球就沒那麼幸運了!

雖然很好玩、生意很好,卻因為光是汽球、飛鏢成本就太高,所以賺到的錢扣除這些成本還是賠。溫老師告訴我們:既然汽球是要被射破的,就不需要買那麼貴、品質那麼好的汽球,這樣才不會賠本。

5 收穫

我覺得這次的園遊會很充實,之前一年級不知道要怎麼做,都是家長和老師在幫忙;三年級只負責算錢;這次我們全部靠自己來招呼客人,一有人來,我會和他們解說遊戲規則和價錢,給獎品,準備給下一個人要用的東西和清理場地。這次完全靠自己的園遊會,特別好玩,也讓我有特別深刻的回憶!

地圖：
孕育國際觀，培養
認識世界的膽量

啟動環遊世界的夢，學習規劃夢想的正確方法

課例示範　翰林版六下《社會》全

預計成效　藉由蒐集、統整、學習規劃一次自助旅行，並嘗試用「口頭報告」形式表述自己的成果。

社會人文

國際	地理	歷史	心理	經濟	政治	法律	文學
✓	✓	✓					

學習型態

參觀訪問	蒐集資料	筆記整理	欣賞體驗	討論報告	實作練習	調查分析	省思寫作
	✓	✓		✓			✓

核心素養

A 自主行動			B 溝通互動			C 社會參與		
A1 身心素質與自我精進	A2 系統思考與解決問題	A3 規劃執行與創新應變	B1 符號運用與溝通表達	B2 科技資訊與媒體素養	B3 藝術涵養與美感素養	C1 道德實踐與公民意識	C2 人際關係與團隊合作	C3 多元文化與國際理解
	✓	✓	✓	✓				✓

✿ 溫老師怎麼想

「其實，要做這個報告之前我並不知道有丹麥這個國家。是因為我剛好聽到老師說，丹麥是世界排名最快樂的國家，卻也是自殺率最高的國家。」怡欣說。

「因為喜歡打籃球，我最喜歡看美國的 NBA 籃球賽，所以我就想要多了解美國……」鴻傑說。

「西班牙有一位非常偉大的建築師叫高第（Antoni Gaudi Cornet），他的建築作品很特殊又很有特色，我希望能到那裡親眼看一看……」晟甫說。

「我曾經在義大利住過幾年，我知道關於他的一些事情…」易霖如此回憶著。

今天的社會課，每位學生都要上台報告兩分鐘。那為什麼會冒出上述內容呢？原來，六下這學期，社會科的學習主題就是「認識世界」，議題從各國的自然地理、宗教信仰、人文歷史、環保議題到人權問題，無所不包，熱鬧極了！

想當然爾，以我的教學模式，當然不會只是拿著課本講過一遍或紙上談兵就了事。我向來堅持社會科教學的核心價值應是實際體驗、是身體力行，絕不能直接灌輸概念或為了考試而「填鴨」。否則，非但效果不彰，更慘的是，孩子還以為社會課本來就如此無聊，從此打壞胃口，終身痛恨文史類科目。其實，要讓孩子的學習變快樂，最簡單的方法就是「挑起他的學習欲望」；而我認為，「學了就會用得到」則是激發欲望的原動力。所以，當社會課本為孩子揭開一扇「認識世界」的窗，我則更進一步推動他們試著打造出周遊列國的夢想。

🍥 溫老師怎麼做？

「啟動環遊世界的夢想，學習規劃夢想的方法」，是我在這學期的社會課程裡很明確要影響孩子的教學目標。

也許你會質疑，孩子不過才小學六年級，這年紀就教如何環遊世界，是否言之過早。但我認為，這是最佳也是僅存的時機。因為，我得搶在孩子在上國中被壓榨、荼毒之前，趕緊讓他們建立敢做夢、勇於實踐、懂得規劃未來、掌握自己現狀等能力。否則，真擔心我們的教育體制（尤其是國中這一段似乎除了功課還是功課），讓一個原可肆意探索未知、本該學習獨立的孩子，卻因為不當的教養，以致每天只能生吞活剝課本內容，或躲在角落惶然不知所以。不管他們的學業成就是高還是低，都會在僵化的教育機器輾壓下喪失了生活的樂趣與能力。

旅遊夢，驅策孩子建構多重能力

素養 多元文化與國際理解：了解不同國家的特色
任務 計畫一場深度的海外旅遊

既然教學方向與信念已很清晰，課程設計就可以大刀闊斧，盡情發揮囉！首先，我們得先思考以下幾個問題：

1 這樣的課程要影響孩子什麼？它可以在孩子的生命留下怎樣的痕跡？
2 要讓孩子從教學中學到什麼能力、怎樣的做事技巧？
3 如果課程的目標與精神都已確定，那麼教材要怎麼安排、如何呈現？
4 孩子的作業與評量可以用什麼方式來表現？

Step 1 教材編選：優質影片勾引好奇心

有了這樣的目標，在安排教材時，薄薄幾頁的課本就只能當成參考了。

老師千萬別故步自封，將教學侷限在狹窄到令人窒息的課文範圍之內。要知道，學習應該是非常開放的。我們要先讓孩子愛上這些議題，引發他探索這個世界的熱情；再教他怎麼去蒐集、整理資料；最後，才教導他們如何將資料編寫成一份完整的報告。

在眾多的教材種類裡，我認為影片是非常重要的學習媒介！首先，我選出一些由教科書出版社附贈的影片，再加上自己收藏或是從出租店借來的 DVD。不管來源為何都行！唯一要考慮的就是，你必須很清楚：「自己為什麼要播放這些影片給孩子看？」還有，「從中可引發他們達成哪些學習目標？」我們在教學之前，必須先想妥這些事。

舉個實例，我這次放映探索頻道（Discovery）「人物系列」的《亞歷山大》與《拿破崙》這兩部影片，從人物故事帶出當時的歷史背景、政治問題、藝術文化，以及相關的評論。這種學習模式把世界歷史濃縮到一個特定案例，不僅引發師生進行生動的思考與討論；更重要的是，我還想藉此示範「學習歷史」以及「旅行閱讀」的另一種方法。因為這些優質紀錄片都很用心考據史實，再加上類似傳記電影的敘述手法，孩子都看得津津有味，大呼過癮。

Step 2 口頭解說：老師舉自己的親身經驗

我自己出國旅行的經驗還算豐富，所以也把自己認識這世界的方式當成範例，在課堂上向孩子分享。

我跟他們提到，自己幾乎在拜訪每個地方之前都會先做好功課，到了該地還會將親眼看到的事實對照書上的資料。近幾年更因為寫遊記的關係，大量閱讀與查證竟成了返家之後很重要的任務與樂趣。我後來驚覺，自己到這階段才算是真正的深度旅行，才真的吸收、消化了許多知識。古人所說的「讀卷書，行萬里路」，確實如此！回歸到孩子這階段的學

習，雖然學校課本提及不少知識，但若他們從未實地行走，根本很難理解書上的資訊。如果老師讓孩子走出教室，卻只是行走、拍照、聽講，浮光掠影的學習恐怕也談不上深刻體悟！

溫老師以自己走訪印度的經驗，從不同面向跟孩子分享該地貧民窟的背景以及自身感受。

Step 3 認養國家：請孩子自設研究目標

雖說以上純是我個人領悟到的學習模式，但若按照教育心理學的標準，這樣的想法應該也很「正點」吧！於是，我要求每位孩子都要找個國家當成研究的目標：「選一個你在現階段或是當你以後有能力時最想去的地方，整理它的相關資訊，包括自然環境、地理位置、人文歷史、國家民族的特色。」除了透過網路取得資料，我也鼓勵孩子到書店或影片出租店尋找相關的小說、遊記、電影來看，甚至去嘗嘗該國的特色美食。例如，到韓國餐廳喝碗人參雞湯，到南亞的美食餐廳來片印度甩餅，或是到法國餐廳體驗整套的法國餐……也就是說，我鼓勵他們從各種面向去了解該國文化。

星期五的兩堂社會課就是第一階段的成果報告。我偷偷瞄了一下班上孩子的神情，不少人手上已拿著旅遊工具書或散文式的遊記，甚至還有人帶來相關的文學作品。看來，這些孩子已經啟動了環遊世界的夢想！雖然報告時間只有兩分鐘，不過，看著大部分的孩子一站上講台都是信心滿滿、侃侃而談，彷彿夢想就在眼前不遠處，真讓我又驚又喜。

阿基米德說：「給我一個支點，我將撐起地球。」我不禁貪心的想著：如果可以，我也想給孩子一個足以撐起自己世界的支點；而這個支點，似乎已經隱然出現了！

學生作文

記下自己的旅遊夢

旅行是我的喜好，最近社會科剛好上到世界歷史，溫老師在開學的第一天就問我們，世界五大洲中最想去哪個國家？我在每一個洲都排了自己心中的第一、第二名。

從亞洲開始，第一名 —— 日本，第二名 —— 中國；歐洲第一名 —— 德國，第二名 —— 法國；非洲第一名 —— 埃及，第二名 —— 烏干達；美洲第一名 —— 加拿大，第二名 —— 美國；以及大洋洲第一名 —— 紐西蘭，第二名 —— 澳洲，我已經考慮到了歷史（古蹟）、生態、環境，希望我能到這些國家去旅行！

99 年 2 月 25 日（四）

社會報告要做世界中一個國家的報告，我決定了，我第一個想做的就是

加拿大（Canada）第二個就是紐西蘭（New Zealand）第三個英國（England）第四個就是法國（France）第五個就是埃及（Egypt），但其中我最想做的就是紐西蘭！希望不會有人和我爭！

99 年 2 月 27 日（六）

我的夢想就是出國旅行，但這必須從小時候就開始準備，像從小就要開始學英文。我的英文很爛，所以就要努力加強，到時，出國總不能比手語吧！如果英文學好了，那就要多研究那個地方的習俗，以免被『公幹』，真希望我能快點出國玩！

99 年 2 月 28 日（日）

早上打開電視，剛好看到有一個節目，介紹許多關於國內、外的地理與習俗，其中有一個播放著哥斯大黎加當地的節目很有趣。還有一個賣冰的攤子挫冰的方法很好玩。

不知道為什麼我最近迷上了與地理有關的電視節目，尤其是國外的，其中我覺得《冒險王》和《世界那麼大》都很好看，最近老師剛去過死海，這個死海位在約旦也是我看《冒險王》得知的，有時我還真想看一些旅遊書，甚至買下來！

99 年 3 月 2 日（二）

最近我想買一些書，其中一本是旅遊書，我目前只有一本旅遊書，那就是溫老師出的書，我如果能出國玩，或許就能隨著溫老師的足跡去各國玩，而且旅遊書百看不煩，從不同的角度看，就能看出不同的東西。

99 年 3 月 3 日（三）

腦中現在有兩個想法在決鬥，想法 A 是寫小說；想法 B 是計畫出國，但我總覺得計畫出國會較為務實些，我也在想如果要出國就必須要有錢，我開始想著我以後要當些什麼？最後我想我可以當老師或是公務員，金錢來源相對穩定，如果找到了這些工作後，晚上再去打工，這樣不出一兩年，我可能就可以出國了，我出國的第一個目標是日本，我很早就想去日本玩了！

先讓孩子在地圖板畫出世界概況，以便建立較完整的國際觀。

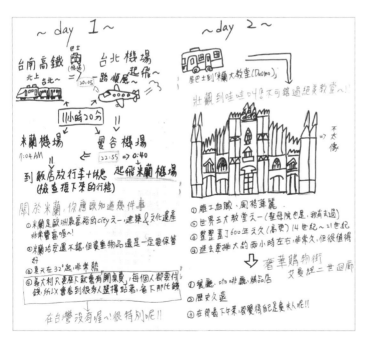

歷經這趟學習，孩子知道如何更全面去探索一個國家並規劃出適合自己的行程。

2-2

看見世界的另一面 1：認識異國文化與國際議題

課例示範　南一版五下《國語》第八課〈天涯若比鄰〉、第九課〈尼泊爾少年〉

預計成效　能從文章、影片、繪本等資料中，聚焦並反思國際貧窮的議題。

社會人文

國際	地理	歷史	心理	經濟	政治	法律	文學
✓	✓						✓

學習型態

參觀訪問	蒐集資料	筆記整理	欣賞體驗	討論報告	實作練習	調查分析	省思寫作
		✓			✓		✓

核心素養

A 自主行動			B 溝通互動			C 社會參與		
A1 身心素質與自我精進	A2 系統思考與解決問題	A3 規劃執行與創新應變	B1 符號運用與溝通表達	B2 科技資訊與媒體素養	B3 藝術涵養與美感素養	C1 道德實踐與公民意識	C2 人際關係與團隊合作	C3 多元文化與國際理解
	✓		✓		✓	✓		✓

⊕ 溫老師怎麼想

　　在正規課堂，老師如何帶入國際議題？這種「素養課程」的補充資料該怎麼挑、怎麼搭配，才不會讓孩子厭煩？這篇教案既是國語課也是社會課，以現有的國語課文為基礎，將教學目標從閱讀理解延伸到社會科的「多元文化與國際理解」，進而納入「全球貧窮」的議題。

國語課文無縫接軌社會科的國際議題

　　南一版高年級國語課本「用心看世界」單元，裡面收錄的課文呈現了各國文化差異。我將其中兩課〈尼泊爾少年〉與〈天涯若比鄰〉結合此次教學目標，希望讓孩子也能了解「全球貧窮」這個議題，並從中覺察自己的社會責任。

　　整套教案從簡介世界現況，逐步聚焦到尼泊爾這個國家。我們先以具象的地圖來協助抽象概念的建立。「現今已是地球村的時代，別國發生的事不再只與他們自己有關，還會影響其他國家。」這時，國語課本的這篇〈天涯若比鄰〉搭配了地圖板，讓孩子更有感覺。接著，我們再進入〈尼泊爾少年〉這一課，探觸到貧窮與孩童教育的問題。

　　〈尼泊爾少年〉提到當地孩子很渴望學習與工作。因為，在那個經濟不優渥的國度，能接受教育進而得以工作賺錢來改善生活，是非常難得的機遇！當地學童的教育困境主要是貧窮造成的，因此我再搭配《世界中的孩子》這部繪本，帶入「全球貧窮」的議題，進而探討其影響，以及慈善團體對此現象付出的行動。

　　期待孩子從中不只學到「能接受教育不易，我們應該要惜福並認真學習」的道理，還希望這能引發他們進一步認識並反思「全球貧窮」的來龍去脈。

溫老師怎麼做？

我們從課本來認識這個世界吧！內容穿梭古今中外的〈天涯若比鄰〉協助孩子建立世界觀，透過〈尼泊爾少年〉的字裡行間，我們培養慈悲與寬廣的胸襟。整個過程帶領孩子強化世界觀、關心國際議題，並且關注一些國家的貧窮議題，設身處地的感受當地孩童的處境——這些練習也為本書下一篇的社會課「人權議題」做了準備。

看見世界、了解貧窮的國際議題

素養 多元文化與國際理解：感受國家貧窮如何影響孩子的受教權

任務 1. 認識外國；2. 解讀課文；3. 白板寫作「尼泊爾少年教我的三件事」

議論文的〈天涯若比鄰〉探討了一些很棒的抽象概念，但是，這種文體卻也很容易讓孩子覺得枯燥。所以，在帶領學生理解文章情意之前，我試圖加入輕鬆、有趣的活動來開啟他們對這篇文章的興趣。

Step 1 跟著課文，用「世界板」網羅世界

天涯，到底是什麼？為讓孩子對課文提到的這個名詞更有感，我把地理科的「世界板」（註）應用到國語文教學。透過視覺呈現與動手書寫的過程，孩子得以興致盎然的輕鬆掌握這個抽象概念。

首先，讓孩子漫讀課文，並要求他們把課文提到的各國訊息全都融入這張世界板。例如，課文提到「豎起拇指對希臘人來說，具有不敬的意味」，孩子就要在「世界板」框出希臘的位置、標出國家名稱，並在那個地方畫出把「比讚手勢」打叉叉的圖樣。

如果覺得用「世界板」找小國很吃力，你也可以把全開壁報紙製成大

張的世界地圖，並將學生分成幾個小組，每一組發一張全開的「世界板」請他們集體寫畫。無論是 A3 或全開的世界板作品，都能「一兼二顧」的拿來布置教室喔！

註：這是雙面可重複書寫的特製小白板，正面印著空白的台灣地圖「台灣板」、背面為空白的世界地圖「世界板」，為 A3（29.7×42cm）的尺寸。

請學生自行漫讀課文，把課文中提到的各國訊息都融入小張的「世界板」上面。（左）
小組分工合作，集體寫畫大張的「世界板」，順便佈置教室！（右）

Step 2 影片，拉近自己與異國文化的距離

當孩子對世界各國的文化、民俗特色有了概念，也見識到網際網路和交通發達的影響力，接下來就把焦點轉移到「尼泊爾」這個國家。

在正式進入〈尼泊爾少年〉課文之前，我先讓孩子在課堂觀看相關的影片，並請他們同步用小白板做筆記──這可讓他們很有效率的在短時間掌握住陌生異國的樣貌。

1 多元：初探尼泊爾

首先，我找出一些與尼泊爾相關但切入點迥異的影片，讓孩子從不同角度了解這個山中小國。

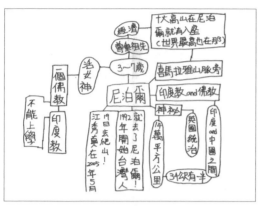

當孩子寫下他認為的重點時，實際上也在建構自己的世界觀。

- 地理環境：擁有豐富的高山資源、少有大型都市。
- 產業結構：以觀光業為主。當地人當嚮導，帶外國遊客攀登聖母峰、處理高山症及安全問題。
- 宗教信仰：以佛教及印度教為主，還有神祕的「活女神」傳統。

2 聚焦：當地的教育

　　方才給孩子看的影片，已讓他們明白了尼泊爾與台灣在各方面的差異，接下來的影片則聚焦在尼泊爾孩子的教育議題。

- 「我在尼泊爾學到的三件事」是我從 YouTube 找到的短片。片中的台灣志工分享了她到尼泊爾小學服務的點點滴滴。我們班的孩子則可從中看到當地的教育現況並獲得以下重要的觀念：
- 在當地，並非人人都有機會接受教育。所以，能夠上學的孩子都積極把握學習機會。他們知道，只有教育才能改變艱困的生活。
- 學校擁有的資源很少，營養午餐也很寒酸。在這裡，營養午餐分成三個等級：有飯和馬鈴薯可吃的、只有餅乾的，以及完全沒有任何飲食的。雖然他們本身擁有的物質很少，卻很樂於分享。

　　雖然這部 YouTube 影片現已被移除，但它在當時可是我們認識尼泊爾教育現場最珍貴的第一手資料呢。

Step 3　聽寫課文，更能掌握作者與人物的感受

　　看完影片，我們就回到〈尼泊爾少年〉這篇課文。

　　由於先前已花了一些時間閱覽補充教材並思考相關議題，這時回到

課文就得採取快速、有效的策略。我選擇「老師念、學生做筆記」的形式，要求學生在聽寫過程中記下他自己抓到的課文重點，並在五卡板圈出「作者的情緒」與「尼泊爾少年的性格」。

學生先前已透過影片對尼泊爾有了一定認識，現在再來接觸課文，就更能理解作者以及文中那些尼泊爾少年的感受。

Step 4 小白板寫作：尼泊爾少年教我的三件事

孩子歷經上述階段認識了尼泊爾這個國家、知道何謂國際貧窮的議題，並能明白窮國教育對當地孩童帶來的影響⋯⋯最後，我們再回到〈尼泊爾少年〉這篇課文。這次，我要求他們針對這篇課文進行一篇簡短的省思寫作，題目就是：尼泊爾少年教我的三件事。寫作引導提示如下：

1 挑出尼泊爾人擁有的三個特點（或性格）

　　做完上步驟的課文聽寫筆記，請孩子舉手分享他自己從文章獲得的領悟，有人說是「知足」，也有人提到「誠實、善良」和「努力」。我針對他們的回答進行簡單講解；接著引導全班再次回到課文，以便能從字裡行間尋找答案的根源。

2 從「特質／性格」→「課文／
影片線索解答」

　　課文和補充影片中的哪些內
容，可以證明尼泊爾人有這三
個特質或性格呢？請把它們記
錄下來。

　　● 知足：尼泊爾人渴望做任
　　　何工作，而台灣則有很多
　　　工作因為髒累而沒人願意
　　　做。

多點認知（先備知識），孩子解讀出的課文意涵就更多元、飽滿了。

- 誠實、善良：當商店店員看到作者游移不決，不確定是否要買東西時，尼泊爾人不會卯足全力推銷、逼對方買下，而是會傾聽消費者的想法，最後還讓商品打折。
- 努力：就算在台灣可停留的時間很有限，他們還是願意先做三個月的工再回尼泊爾。

做完上述步驟，孩子對課文內容已有了一定的詮釋與轉化，也藉由寫作過程「自己告訴自己」這些道理。對於尼泊爾、對於貧窮、對於教育，相信他們內心已有更多元、更寬廣的認知及思考了。

從課文出發，再回歸課文，孩子從這趟探索過程中累積了自己對這世界的認知。

Step 5 小小插畫家對貧窮議題的詮釋

親子天下出版的套裝繪本《世界中的孩子》共有四冊。第一冊《為什麼會有貧窮與飢餓？》用孩子也能看得懂的口吻介紹全球貧窮的議題、引發貧窮的原因、貧窮造成的影響，以及慈善組織用什麼方式幫助貧窮的國家。

上課用繪本輔助教學已不是新鮮事了，但這次我反其道而行：不讓孩子看到繪本！而是在學習單上面打出文字，請孩子閱讀各段敘述之後，在下方繪製插圖。

當然，這些文字絕不是直接丟給孩子就了事！在請孩子正式

素養並非一蹴可幾，從這篇國語課文出發，我們再次厚植孩子在國際觀、同理心等方面的素養。

動筆前，我以「朗誦內容＋口頭解釋」的形式，同時請學生用小白板做筆記，讓他們對這些文字敘述有了粗略理解，才讓他們回家進行這項插畫作業。比如，我詳細解釋打仗時為了要炸傷敵軍而在田裡埋地雷，結果卻導致農田無法耕種，還動輒炸傷民眾！「埋地雷很容易，但事後要找到地雷並把它挖出來卻非常困難。」

這項作業十分輕鬆，不須再寫什麼文字，只需用「圖像」來詮釋上方敘述即可，孩子都全心投入這場玩遊戲似的插畫創作。第二天他們交出來的作品，充滿了童心與創意！

📖 智琪老師的觀察

這次國語課進度來到〈尼泊爾少年〉。由於尼泊爾是國際公認的「貧窮國家」，溫老師想藉機讓孩子認識「全球貧窮」的議題。

為何要引導孩子去思考貧窮這件事？

讓我們先思考「貧窮」的問題吧！你以為貧窮的壞處只限於沒飯吃、沒錢購物，也沒能擁有多餘東西的「物質短缺」嗎？其實，貧窮是個惡性循環。當家長沒錢讓孩子受教育，孩子就只能做些勞力工作。這種淒苦人生又會複製到下一代，子子孫孫都難以翻轉命運。困苦的環境不僅影響健康，還可能造成治安等社會隱憂——當人窮到走投無路了，只好去偷、去搶、去騙。唯有學到知識與技術，才有機會跳出這個循環。

溫老師在帶孩子閱讀課文之餘，也引領他們閱讀《世界中的孩子1：為什麼會有貧窮與飢餓？》這部繪本，並在課堂觀看相關影片，目的就是希望引導學生去思考貧窮所引發的一系列問題。

一趟惜福、感恩並樂意付出善意行動的學習之旅

當孩子擴大了視野，從「尼泊爾問題」進展到「國際間的普世議題」之後，他們更能感受貧窮所釀成的連環效應，也能領悟到自己能過著豐衣足食的安樂日子是件多麼幸福的事。

下一篇教案也是基於相同思維，結合了社會課「法治你我他」的單元，深入探討國際人權議題，同時還搭配一些「幫助貧窮國家」的案例，讓孩子在觀摩別人如何解決這類國際問題的同時，再次想想「自己可以怎麼幫助他們」。讓孩子學習更積極的關心國際議題，並發現它們和我們息息相關。這樣的社會課（或國文課）不是更有意思嗎？

❶ 學生省思

1 讓我了解到原來對我們來說的「苦」，對於尼泊爾來說都只是他們生活中的一小部分。

2 我認識了很多人在大學時，都會到尼泊爾等比較窮的國家幫助他們，

並拍成影片宣傳，就是希望有更多人可以一起來幫助他們。我希望自己以後有能力，也能一起幫助人們。

3 尼泊爾那邊沒有錢，更沒有好的資源可用，當我看到他們的生活，讓我學到將心比心，不要嘲笑別人，應該互相幫忙。我們也捐了錢、畫了圖，對整個貧窮議題印象更深刻。

學生作文

尼泊爾少年教我的三件事情

學生 1 雖然他們很貧困，卻很有勇氣

昨天溫老師給我們看了影片，影片中都有講到他們非常貧困，一般我們都會認為倘若非常貧困，就會很軟弱、膽小，但尼泊爾少年卻很有勇氣、大方。例：他們不會說英文，卻努力想和人溝通、學習。

學生 2 誠實的面對顧客，不會一直推銷自己的產品

在課本中有寫，當作者去買東西而委決不下時，他們卻說：「沒關係，這個太小！」或「這個太貴了！」如果客人成交後，他們還會打折、特價，而不像有一些商人，為了要賺錢，而騙了客人，或是一直說自己的商品有多好，雖然客人買了，但下次應該不會再來了！

學生 3 學習要知足、感恩

在課本中，作者寫到在尼泊爾那裡的少年幾乎都不能上學，也找不到工作。台灣人一定都能上學，但是我們卻覺得這樣很正常而不太珍惜，台灣的工作比尼泊爾多，資源也比較好，因此我們要珍惜、感恩！

看見世界的另一面2：認識國際公益組織與行動

課例示範　翰林版六上《社會》第四單元「法治你我他」第三課元「法治與人權保障」

預計成效　從歷史事件、戲劇欣賞的教學活動，深入理解「人權」的可貴，進而嘗試去規劃一些能解決周遭問題的行動。

社會人文

國際	地理	歷史	心理	經濟	政治	法律	文學
✓		✓				✓	

學習型態

參觀訪問	蒐集資料	筆記整理	欣賞體驗	討論報告	實作練習	調查分析	省思寫作
		✓	✓		✓	✓	✓

核心素養

A 自主行動			B 溝通互動			C 社會參與		
A1 身心素質與自我精進	A2 系統思考與解決問題	A3 規劃執行與創新應變	B1 符號運用與溝通表達	B2 科技資訊與媒體素養	B3 藝術涵養與美感素養	C1 道德實踐與公民意識	C2 人際關係與團隊合作	C3 多元文化與國際理解
	✓	✓	✓		✓	✓		✓

✪ 溫老師怎麼想

　　翰林版 107 學年度六上社會課本「法治你我他」單元，告訴孩子人人都享有平等與自由，並舉例說明當自己的權益遭侵害時該如何爭取。例如：警察不能任意搜索住宅，除非有搜索票；遭同學霸凌時，可向師長或學務處通報……然而，人權包含的層面可不只這些！

　　奴隸制度、君王專制、殖民統治、納粹屠殺猶太人、兩次世界大戰……人們從這些慘痛經驗體認到：「人人都應享有生存、平等、自由，這些權利不應只是某些族群的特權！」聯合國也在 1948 年宣告了《世界人權宣言》！儘管如此，在該宣言面世 60 多年後的今天，世界不同角落仍有童工、歧視、虐待、難民等剝奪人權的悲劇。我認為，在學校課程融入這些議題，不僅可讓孩子了解何謂人權，也能透過認識國際問題的過程，進而同理其他族群的遭遇。

　　此次教學以社會課這個單元為主幹，延伸教學的部分則加入了認識賴和生平的影片，「影響‧新劇場」的戲劇詮釋國際兒童人權議題，並適時補充台灣歷史與國際上發生過一些牴觸人權的真實案件。接著，再輔以《世界人權宣言》和《兒童權利公約》的條文，與上述案件進行配對。當孩子對「人權」有了清楚認知，我又結合南一版五下國語課文〈天涯若比鄰〉傳達的概念：「國際上任何變動都可能牽動我們」並將之延續，最後再補充國際公益組織「鉛筆的承諾」援助窮國學童教育的真實案例。

　　多元形式的穿插，可刺激孩子的認知，甚至見賢思齊、起而效尤。身為教育工作者，我希望課文傳遞的概念不僅僅是口號，而是真的能讓孩子產生公民意識、進而關注各種全球議題，並有能力對此提出自己的想法與感受，甚至興起「願意去解決公共議題」的責任感！

🌑 溫老師怎麼做？

就像做運動一樣，在教導新名詞或新概念等陌生事物之前來點暖身活動，將有助於後續動作！我通常喜歡透過影片與提問的方式來為課程主題暖身。影片能有效攫住孩子的注意力，進而引發他們對該主題產生興趣。師生問答則可透過互動過程，逐步引領孩子去思考。

除了上述兩種方式，這次還加入了文化部「影響・新劇場」團隊的表演。他們用短劇呈現人權相關主題，讓孩子對這類的抽象概念更有感覺。

暖完身，通常接下來會採取「動手寫」。不論是學習單或作文，我認為孩子在下筆之前因為已經過「暖身」而累積了一定的認知基礎，此時「動手寫下」對該主題的想法，讓他們有機會重整先前獲得的資訊、從而建構出屬於自己獨有的知識體系。

依此理念，我設計兩次的寫作活動。第一場寫作針戲劇欣賞的內容，請學生將短劇裡那幾則國際人權事件的劇情，連結到與人權相關的條約，並且用觀點句型來進行自我省思。第二場寫作則連結到「擬定解決問題的實際行動」計畫，讓孩子更關心身旁的公共議題，也學習公共議題的創意解決能力。

期待透過這些反覆累積的訓練與實踐，孩子從中能學會更敏銳的覺察自身周遭、社會與國家的困境或需求，進而實踐康軒版 107 學年度六下社會課本第三單元「放眼看世界」提到的願景：不但要關心自己本身的問題，更應隨時關心周遭與國際事務，一起為打造更美好的社會、地球村而努力。

一、逐步認識人權議題的教學策略

素養 道德實踐與公民意識：理解台灣與國際的人權議題

任務 1. 用寫作整理自己觀賞人權議題影片及戲劇的心得；2. 練習使用觀點句評論人物，或用圖文加舉例方式說明

社會課這個單元從認識法治開始，強調法律目的在於保障人民自由，為了不侵害他人權益，我們的自由必須以「不影響他人」為前提。而人權層面，則只是簡單的提到人們生來具有自由、財產、生命不受傷害的權利。

如果老師只是跟著課本簡單帶過幾個相關案例，孩子對「人權」不會有感，因為它聽起來是如此的理所當然。

因此，我決定從幾則在過去歷史裡或近年國際上發生的案例談起，讓孩子更能領悟到人權的必要與珍貴！

Step 1 從社會課本到賴和的故事

你以為人權天賦？其實不然。以台灣來說，在我們成為民主國家之前，就曾歷經了殖民統治，當時的台灣人可沒得到應有的「人權」哪！每一次在台灣發生的民變、武裝衝突，都證明了「爭取個人權利」是各時代人民共有的渴望。

我從課本出發，透過以下兩步驟，逐步引領孩子進入「人權」的議題。

1 預習課文內容

請孩子先自主漫讀課本，然後請他針對課文內容再加上自己以往的認知，在小白板寫畫出他對人權的第一印象。

2 播放賴和影片

課本只簡單提到幾個保障人權的案例。比如，警察不能任意闖入民宅、被家暴時可申請保護令以保護自己；又比如，刑法處罰那些傷害他人的行為、民法則賠償受害人的損失等。但，這些全都是法治國家之下的例子。如果生活在極權統治之下，別說爭取自己的權益了，就

連最基本的人權保障也是奢望！像是日治時期台灣新文學作家賴和，就一個活生生的例子。

因此，我找出一部介紹賴和的影片，期望讓孩子能從中獲得對人權更具體的認知。

賴和的人生大致可分成以下幾個階段：

1 家境富裕，教育引發他對漢文化的嚮往。

2 就讀總督府醫學校，產生「醫人也要醫國」（救台灣）的民族意識。

3 畢業後，親身遭遇到醫療界的不公平對待：日本醫生待遇好，台灣醫生難以提升地位與薪水。

4 赴中國廈門行醫，卻被當成日本人，產生民族認同混淆。且賴和對當時被軍閥割據、鴉片盛行的腐敗中國大感失望。

5 受到五四運動影響，開始嘗試用閩南語的白話文進行創作。

6 返台行醫。

7 加入「台灣文化協會」，常用故事、散文揭露日本政權對台人的不公。例如，《一桿秤子》、《南國哀歌》等，表達日本警察惡意刁難台灣人、對原住民的傷害。

8 因宣揚抗日思想，遭總督府盯上，被關 50 天。出獄不久就病逝。

從賴和的故事，孩子看到了那個連追求人權都被一再禁止的年代，也從中明白了：擁有人權，是多麼幸運且充滿價值的事！

Step 2 「影響・新劇場」上演國際人權議題

看完影片，我們班很幸運的有機會去觀賞這場由文化部指導的表演藝術活動。「影響・新劇場」的《你在做什麼？》，表演揉合了互動遊戲及戲劇欣賞兩種元素，創意的呈現「自由」與「平等」這兩個跟人權息息相關的概念。這場特別的表演雖沒有精緻、華麗的舞台，但一段段演

出不同國家的孩童以不同方式被剝奪基本人權的情境，卻讓我們孩子對人權這項議題埋下了好奇、反思、行動與改變的種子。

《你在做什麼？》由數段短劇所組成，包含以下主題：

1「一桿秤仔」:改編自賴和的同名小說，抗議殖民統治者的不公與無理。

2「巧克力童工」：關心兒童的生存、自由、不受傷害的權利。

3「黑人不能上白人學校」：關心種族歧視，黑人不能得到平等對待的議題。

4「馬拉拉」：關心女性受教育、兒童生存權議題。

5「黑寶寶」：兒童保有國籍、生存、自由等權利。

Step 3 **活動省思、再思考**

這趟學習之旅有了影片、戲劇互動的兩大體驗，末尾無論如何都不能缺了寫作活動來幫孩子整理思緒。我規劃以下兩個不同方向的學習單，讓孩子針對觀看戲劇的活動以及人權議題重新進行省思。

1 戲劇活動回饋

(1)今天最印象深刻的活動是哪些？為什麼？

(2)同學分享了「畢業宿營」的活動，馬上被演員用五句話演出來，你有什麼感覺？請評論他們的演出。

(3)看完演出後，你認為什麼是「自由」？什麼是「平等」？請用圖文＋舉例的方式說明。

(4)請用觀點句型評論劇中三位人物，並寫出每個人的細節。（每個觀點至少 30 字）

(5)你有沒有在生活中遇到過不平等的事情？你是怎麼處理的？（請寫出人事時地物＋情緒感受＋你的行動＋結果）

(6)面對這世界的不公不義，你期待未來變成什麼樣的人？（請寫出三個正向性格＋理由）

(7) 關於今天，我學到了什麼？我想說什麼？我想畫什麼？

提示：任何形式（畫圖、文字等）都可呈現你學到的知識、最喜歡的活動片段、你想告訴哥哥姐姐的事，或是針對活動的建議。

2 人權案例延伸思考

那麼，戲裡面演出的那些案例，到底違背了《世界人權宣言》或《兒童權利公約》的哪些部分呢？我影印這兩份文獻的局部內容，並自製一張學習單，讓孩子透過填寫學習單，去印證戲劇演出的類似案例究竟違反了條文中的哪些部分。最後，再讓孩子以觀點句型發表對這些案例的評論，也讓他們有個可以抒發主觀想法的空間。

例如，孩子認為台灣黑寶寶故事違反了這些條文。

《世界人權宣言》

第 3 條「人人有權享有生命、自由和人身安全。」

第 15-1 條「人人有權享有國籍。」

第 23-2 條「人人都有同工同酬的權利，不受任何歧視。」

《兒童權利公約》

第 7 條「兒童出生後應被登記，取得姓名及國籍。」

第 8 條「承諾尊重兒童維護其身分的權利。」

第 36 條「應保護兒童免於遭受有害其福祉之任何其他形式之剝削。」

以下摘自兩位孩子的學習單，他們如此寫下自己對這個事件的想法。

我的觀點：

● 我覺得有些移工媽媽是被逼著去懷孕，不覺得她們很可憐嗎？而且我們其實也騙了那些勞工，很不應該。

題目	情緒	文字／圖像說明
1. 今天最讓你印象深刻的活動是哪些？為什麼？	快樂 滿足	讓我印象最深刻的活動是拍照，因為我們要在3秒內就做出一個動作，讓我們學習即興演出，這活動對我們十分的有挑戰性
2. 同學(誌祥)分享了「畢業宿營」的活動，馬上被演員用5句話演出來，你有什麼感覺？請評論他們的演出。	驚喜 期待	我很喜歡演員的演出，他們不但想像力足夠，還可以將一句話演得很誇張，引起全場的哄堂大笑，是我看過最好的戲劇表演
3. 看完演出後，你認為什麼是「自由」？什麼是「平等」？請用圖文＋舉例說明。	自充 豪寶	自由：並不等於「只要我喜歡，有什麼不可以？」要想不管是薪水、法律……等想內容是否適當，如：上課都要一樣，如：我工作8小時，你也是，但你拿2000元，我只拿1000元，是不行的，薪水要平等。平等：每個人都一樣，都一樣，雖然你有言論自由，但不代表上課能講話
4. 用觀點句評論劇中的3位人物，並寫出他的細節(每個觀點至少30字)。	憤討怒厭 撐生心望 生驚氣慌	馬拉拉：我認為馬拉拉是一為勇敢的女人，雖然他受了傷，但她還是不放棄，她還是願意為女性爭取和教育 黑寶寶：我不同意政府這樣做，這些黑寶寶不但沒有圖書，也沒有健康，沒法看醫生，媽媽也不行照顧他們，十分的可悲 黑人白人：我覺得白人這樣的很不應該，因為我們都是人，為什麼要分得這麼清楚，一起不是很好嗎？
5. 你有沒有在生活中遇到過不平等的事情？你是怎麼處理的？(請寫出人事時地物＋情緒感受＋你的行動＋結果)	難過 擔心	有一次，我在打球，打的正高興，就有一個人說：「這是我先來的，走開！我要打球！」我看他這麼高大，十分的害怕，我只好讓開，生氣的看著他自己享用籃球場，我想找爸爸，但我又怕給爸爸麻煩，只好離開
6. 面對世界不公不義時，你期待未來變成什麼樣的人？(3個正向性格＋理由)	平靜 安心 放鬆	我希望未來大家可以更慷慨，一起分享，這樣就不會發生吵架，也可以減少戰爭的發生 我期待大家可以互相禮讓，並當一個普通人，發表文章，讓大家了解公平的重要性 我認為大家都是普通人，就連總統也是，都要公平公義，不行對某些人特別好，某些人卻不好的待遇
7. 關於今天，我學到？我想說？我想畫？【提示－①任何形式(畫圖/文字等)呈現都可②你學到的知識③你最喜歡的活動片段④你想告訴哥哥姐姐的事⑤針對活動的建議】	開心 驚喜 、 期待 幸福	我學到並不是每個人都和我們一樣，當他們正在上課寫作業時，有些人則是在努力工作，或是在抗議 我想對大哥哥大姐姐說：謝謝你們為我們表演，我很喜歡你們的表演技巧，繼續加油，不放棄 P.S 你們是我最愛的劇團

續

● 我期待就算移工生小孩也不要棄置不管，或弄死孩子。因為小孩是無辜的，所以移工與雇主都應該遵守不得懷孕的契約。

二、成功的國際助人案例 ——「鉛筆的承諾」

素養 多元文化與國際理解：探索人道支援

任務 1. 認識國際性公益組織「鉛筆的承諾」；2. 用學習單與即興演講整理自己的觀點；3. 透過寫作思索自己可盡的公民責任

面對國際間那麼多的人權議題，是否有人站出來做些行動解決他們的困境呢？國語課文〈天涯若比鄰〉告訴我們：各國間的距離縮小了，所以，我們面對國際議題還要「各人自掃門前雪，休管他人瓦上霜」嗎？若想「敦親睦鄰」又能做些什麼？我希望孩子從課文中還能領悟到：「世界發生的事並非與我無關，而且明白一個事實：在通訊交通發達的今天，國際上的任何變動都可能牽動我們。當然，這也意味著我們付出的行動也能發揮影響力！」

國際上嚴重的人權議題之一，就是兒童受教權被剝奪與受教資源不均。我決定順著〈天涯若比鄰〉的觀點，舉一個幫貧窮國家兒童成功爭取受教機會的例子。「鉛筆的承諾」這個公益組織已在瓜地馬拉、迦納等貧窮國家開辦 468 所學校，確保教師得到適當培訓，同時發放獎學金、校服、書本文具等物資給那些有需要的學童。至 2018 年為止，「鉛筆的承諾」已幫助了 88,325 位孩子就學。

Step 1 分析組織或個人行動的成功要素

本次教學也透過影片，讓孩子認識這個公益組織的起源與發展。同樣的，還要求孩子邊看影片邊做筆記。這樣子，他們才會認真去觀看影片的內容。

孩子驚訝的發現：創辦人亞當·博朗（Adam Braun）的動機竟是來自某次到印度旅行的經驗！當時，博朗遇到一位向他乞討的男孩，他問男孩最想要什麼，男孩回答的不是食物或錢，竟然是鉛筆！這個震撼讓博朗開始重視貧童的教育問題。

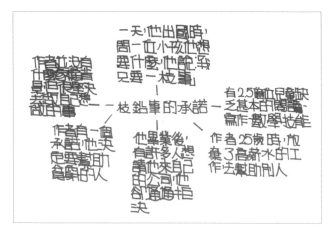

邊看影片邊速記重點，孩子更能察覺影片的意涵。

除了觀看 YouTube 影片，我還帶領孩子造訪這個公益組織的官方網站。內容雖皆為英文，仍可簡單翻譯。在帶領孩子瀏覽該網站時，順便讓他們見識科技的即時性：在這個網站，我們可以直接用信用卡捐款；捐了款之後，還可在 Google 地圖上看到自己捐的錢會去幫助哪個國家，資訊 100% 透明！

Step 2 分析組織或個人行動的成功要素

為讓孩子更深入感受整個組織創辦的故事與困難，我找出創辦人亞當·博朗寫的書《一枝鉛筆的承諾》。裡面提到了初創時為讓組織長久運作所遇上的困難，以及創辦人為此做出的努力。我把中譯版這部分內容影印給全班，並以此為題製成學習單。接著，請孩子在學習單以表格分析作者遇到的所有困難，以及他的解決之道，並且加註作者亞當·博朗的性格為何。

Step 3 即興演講分析組織或個人行動的成功要素

請孩子利用周末錄一段主講「鉛筆的承諾」這個公益組織的影片，並上傳至班級臉書社群。這段即興演講必須說明他從 YouTube 影片，或是隨著學習單發下的文章，對這公益組織的領悟和觀點。

許多孩子在這次作業都提到了令自己印象最深的是：當「鉛筆的承諾」員工到拉丁美洲時，遭遇搶劫，差點有生命危險。這段故事讓他們意識到，原來公益組織並不是簡單的想辦法賺錢而已，還要考量安全措施，以及給員工保險等現實層面。

孩子連續好幾天被同一個公益組織的故事洗腦，但也從中完整看到了具體案例：這個組織的成員如何運用媒體（報章雜誌）、網路（網站宣傳）、演講傳播的力量，讓組織能夠長久營運。我認為「鉛筆的承諾」這個故事，是天涯若比鄰的具體實踐，也是給孩子的最大鼓舞。

Step 4 坐而言不如起而行！孩子的「捐款」行動

在了解「鉛筆的承諾」的故事之後，我開放一次讓孩子付出實際行動的體驗：讓孩子自由捐出自己的零用錢（也可以向爸媽募捐）。希望讓孩子感受自己與全球貧窮孩童連結的感覺。此外，向爸媽募捐的舉動也可結合母親節卡片製作，讓孩子反過來「以愛之名」捐款，為媽媽祝福。

Step 5 延伸學習：我的「改變世界行動計畫」

康軒版六下社會課本第三單元「放眼看世界」提到，不但要關心自己本身的問題，更應隨時關心國際（周遭）事務，一起為打造更美好的地球村（社會）而努力。我希望這句話別淪為空談，而是可以讓孩子擬定具體計畫，甚至嘗試實踐。

要改變全球問題不容易！但若把範圍縮小至台灣社會、校園或班級，

或許就較容易擬定可行方案了。因次，我請孩子擦亮眼睛，觀察外界有哪些問題或需求亟待解決。

由於「人權受剝奪」的議題在台灣較少發生，因此我不侷限問題的類型，只希望孩子能更敏銳的去觀察、思考周遭發生的小問題。例如：營養午餐剩下很多，造成浪費，外面卻有很多人沒有食物吃；學生會亂丟垃圾，造成教室髒亂；作業本一學期用不到幾頁，卻一次丟掉又換新的很浪費；打掃時習慣直接倒掉大量的拖把水……這些問題可用哪些行動方案解決？

這樣的寫作，才能讓孩子真正實踐「關心公共事務」的公民精神！

這時，請師長別計較他們的年紀、思維成熟度與方案可行性，只要孩子願意去思索，都會是最有價值的初體驗。他們也能從中隱隱發覺，什麼叫做「關心國際（周遭）事務」的精神。當然，老師在施行時可斟酌自己的時間及可行性，決定是否只要學生寫下計畫就好，還是要孩子實際試做。

寫作題目：我的「改變世界行動計畫」

1 你看到在班級／校園／社會上有哪些現象？（與糧食、水資源、環境等相關）

2 看到這個現象，可能會對全球的哪些議題造成影響？（人口、糧食、水資源、礦物資源、經濟、疾病傳染、跨國犯罪、人權、環境等９大議題）

3 以你目前的學生角色，可以針對這件事做什麼行動？請完成你的行動計畫書

● 計畫名稱：

- 計畫目標：想要達到什麼樣的結果？
- 計畫實施步驟：
- 人力協助：需要哪些人的幫忙與推動？
- 資金來源：若需要資金，可以用什麼方式取得？

（下面3點若有真正實施再完成即可）

- 遇上的困難
- 調整方案
- 實踐心得

📖 智琪老師的觀察

針對上篇與這篇帶領孩子培養國際觀、公民意識的教學，我還想補充兩個觀課心得。

讓校外活動資源，成為輔助教學的利器

我們總認為，教學就該由老師講授為主，教材則以課本為主，但溫老師卻不這麼認為。

她說，「許多校外活動的負責人，都是比老師更專業的講師，也能傳達比課本更廣、更生活化的概念。若我們能抓緊校外活動的內容，再透過統整省思任務來深化、連結課本概念，不是經濟又實惠的一件事嗎？」

確實如此。像是這次觀賞的戲劇表演，就比圖文並茂的課本更能打入孩子的心，有效促使他們設身處地去理解人權的必要。

還有，我喜歡溫老師在孩子看完表演之後，繼續讓他們進行回饋，並進而將學習內容延伸到連結人權法條的思考。這樣的課後收尾，才讓戲劇體驗活動有了意義，這次的學習目標也得以深植孩子心中！

實際故事，最有說服力的「講道理」

此外，在國語文教學時，每逢上到議論文形式的單元，最擔心的就是在深究課文情意時，會淪為跟孩子「講道理」的教條式教學。其實，很多道理孩子都知道但就是做不到呀！師長反覆「講道理」，只會增加他們的心理抗拒。

因此，在教〈天涯若比鄰〉這課的時候，溫老師選擇用「真實案例」取代「道理、教條」。向學生介紹「鉛筆的承諾」這個組織激勵人心的故事，潛移默化的讓孩子知道「天涯若比鄰」的真諦：友善幫助這世界其他人的方式，就是要去關心國際議題，並將自己力量付諸行動。

我好喜歡這樣詮釋議論文的方式呀！

❶ 學生省思

1 很棒的課程，不要覺得上學很無趣，在這個世界上有很多人是想讀書卻不能讀書的，我們很自由。

2 有劇團表演，也完成了學習單，我認為是一種非常好的讀書方式，看演出可以讓我們加深印象，寫學習單則可以在腦中好好回想一番。

3 我了解了世界上還有別的人在為自己的生活努力著，像是馬拉拉和朋友一起爭取女性受教權。同時，了解，《世界人權宣言》和《兒童權利公約》，我學到世界上那些保護人的法條存在的用意，是為了守護人們該有的權利。

改變世界行動計畫

一、我發現大部分班級（包含我們班）的作業簿每學期都會發新的，但每本往往都用不到一半。

二、最近地球暖化的問題越來越嚴重，當雨林面積越來越少、大氣層的二氧化碳增加，是造成暖化的重要原因之一。而造紙，就是讓人類需要不斷砍樹的重要原因。我們這樣浪費紙張，導致又要砍更多樹，是個惡性循環。

三、改變行動計畫

1 計畫名稱：「簿」盡其用，重拾美好森林

2 計畫目標：減少校園內空白簿本的浪費，減低垃圾量之外，也為保護森林盡一份心力。

3 計畫實施步驟：

● 宣傳：用傳單、到各班演戲、短講的形式，讓各班發現這個問題對環境造成的影響。

● 學期末「募集簿本計畫」：每學期結束時，至各班教室收集各班學生仍有空白頁的簿本。

● 學期末→下學期初：分類簿本的剩餘量，分為「剩半本以上」、「剩半本以下」、「剩一點點」三堆。

● 學期初行動：發下問卷，統計各班老師對簿本的需求（有的老師較多；有的老師較少），需求較多的班級，可發下上學期「剩半本以上」的簿本；需求小者則使用「剩半本以下」或「剩一點點」的簿本，達到減少購買新簿本的目的。

4 人力協助：

● 與學務處合作：可請處室利用朝會時間，讓計畫團隊宣傳理念，並在學期末募集簿本時，可直接用廣播方式，讓全校更有效率的進行。

● 募集投入志工：募集高年級學生擔任志工，負責宣傳、學期末分類簿本、製作問卷單、與師長協調等。

● 與輔導室合作：結合學校獎勵制度（兌換獎卡），引發其他學生願意用舊簿本的動機。

● 收集二手物：平時募集全校學生不要，但還可以使用的東西，也可以當成使用舊簿本的獎勵。

5 資金來源：不需要大量資金。

2-4

到陌生班級上六大議題課，「海洋教育」啟航

課例示範	翰林版六下《社會》第二單元「永續經營的地球村」
預計成效	透過影片、DFC 實作、桌遊體驗這三個步驟，讓孩子正視並反思「海洋垃圾」的問題。

社會人文

國際	地理	歷史	心理	經濟	政治	法律	文學
✔							

學習型態

參觀訪問	蒐集資料	筆記整理	欣賞體驗	討論報告	實作練習	調查分析	省思寫作
		✔	✔	✔	✔		✔

核心素養

A 自主行動			B 溝通互動			C 社會參與		
A1 身心素質與自我精進	A2 系統思考與解決問題	A3 規劃執行與創新應變	B1 符號運用與溝通表達	B2 科技資訊與媒體素養	B3 藝術涵養與美感素養	C1 道德實踐與公民意識	C2 人際關係與團隊合作	C3 多元文化與國際理解
	✔	✔	✔			✔	✔	✔

✪ 溫老師怎麼想

南大附小搭上 12 年國教前導學校的首班車，率先在課表加入每週兩堂的「六大議題」課程。每週二上午，全校老師就像玩「大風吹」一樣，被打散到不同班級傳授為期三週的六大議題，每個班各上六堂課。我也加入了這場「大風吹」，要到五年級的三個班教「海洋教育」的議題。

要到陌生的班級授課，我不免對這次教學浮現以下憂慮：

1 師生僅有短短三週共六堂課的相處時間，默契不足是否會影響到教學效能？

2 老師該如何快速破冰，讓孩子在短短六堂課都有事做且都有收穫？

3 這「六大議題」畢竟非正課，該如何讓孩子收起浮動的心思，改以慎重態度看待這門課？

上述疑惑的解方，就在教學步驟裡。

● 溫老師怎麼做？

上述的三個教學瓶頸，我主要透過「濃縮課程重點」加上輔具「小白板」來突破。

1 濃縮課程重點

若一次教給孩子很廣博的海洋知識，會因為有太多訊息要講，不僅老師上課很有壓力，學生的腦袋一下子塞入太多資訊也未必能全部吸收。因此，我將課程內容簡化成三大重點：

- 是什麼 ➔ 海洋垃圾危機
- 怎麼做 ➔ 發明海洋吸塵器
- 結果 ➔ 我怎麼因應？

海洋教育可談的議題很多，這六堂課的教學只聚焦在「海洋垃圾」這個議題。至於海洋環境的汙染、汙染如何危害動物等，就簡單帶過，因為五年級孩子已有能力推論出海洋垃圾對生物造成的後果。

2 加入小白板輔具

一人一板＋具體任務，讓這些不熟悉我的學生也能快速進入教學狀況！當孩子手中不再空空如也，有事做，情緒就不會浮動，也能靜下心來省思自己的觀點與感受，為每個階段的學習收尾。而且，透過小白板這個輔具，也讓每個孩子都有表現自我的舞台。

當然，影片是介紹新知、新觀念的絕佳媒介。而適度搭配地圖板、五卡等輔具，則可將這些新知、新觀念深深刻入孩子的腦海裡。

第一週　靠小白板搞定「海洋垃圾」！

素養 道德實踐與公民意識：認識洋流與海洋垃圾

任務 模擬海洋環境觀測員的工作

Step 1 建立概念，了解海洋垃圾到底是什麼

首先，讓孩子認識何謂「海洋垃圾」，以及它們從何而來、會引發怎樣的問題。同樣的，我也簡化了這部分的內容。

1 海洋垃圾的來源：分為「直接」（被人直接丟入海中）與「間接」（塑膠垃圾、吸管等物被颱風吹拂而掉進河裡，再順著河道流入海等）。

2 洋流的角色：從「黃色小鴨」事件了解洋流會讓海洋垃圾越漂越遠。

3 垃圾的規模：認識「太平洋垃圾帶」。

Step 2 深化概念，白板與五卡建構我的思維

影片在這次教學仍占重要角色。我找出相關的優質紀錄片，在課堂上

一邊播放一邊講解影片重點。此時，絕不能讓孩子兩手空空沒事做，否則不僅班級秩序堪憂，孩子還會因為只是看過、聽過卻沒深入思考而很快就忘了這些內容。因此我指派了兩項任務：

1 用地圖板做筆記

由於影片介紹了垃圾帶以及洋流漂移的方式，因此，我發給每位學生一張「世界地圖板」，讓他們自己圈出「太平洋垃圾帶」的大略位置，並在上面標示黃色小鴨隨著洋流遠渡萬里的路線。

2 以五卡板進行省思

孩子從中途島的信天翁死亡、黃色小鴨漂流等事件了解到海洋垃圾的嚴重性後，

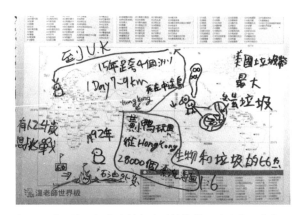

親手用世界地圖板畫出黃色小鴨等物的漂流路線，就能明白海洋垃圾對全球的影響。

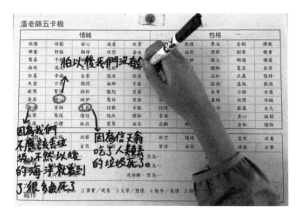

透過五卡板的這些詞彙與句型，促使孩子去思考議題、觀照自己感受，同時也鍛鍊語文表達的能力。

再讓他們從五卡板挑出三到五個情緒語彙（情緒卡），擺在小白板上，並在卡片旁邊寫下自己為何會產生這些情緒的理由。

例如，選了「震驚」這張情緒卡的孩子，寫出的理由是：「我們竟然已經丟了這麼多垃圾在海洋裡！」

第二週　我也能創造「海洋吸塵器」！

素養 系統思考與解決問題：動手當個發明家

任務 仿作一台海洋吸塵器，與同伴在遊戲中一起清除海洋垃圾

　　2018 年 9 月，The Ocean Cleanup 團隊將他們研發多年，改良多次的「海洋吸塵器」投放至太平洋垃圾帶，正式展開清理海洋垃圾的工作。網路上的新聞專題報導影片，正好可當成海洋教育的範例，供孩子觀摩別人如何解決海洋垃圾的問題。

　　這段新聞專題報導影片長約半小時，我每次只播放約十分鐘，每一次的切入點都不同。

Step 1　來看看「海洋吸塵器」如何解決海洋垃圾吧！

　　什麼是海洋吸塵器？影片中對此有番介紹。於是，我再次請孩子拿出空白小白板，要求他們邊看影片，邊畫下海洋吸塵器的構造與原理。當然，為讓他們能跟得上，我刻意放慢影片播放速度，也會隨時停下來花幾分鐘講解具體細節。

　　這時，孩子為使自己能做好筆記，便沒有餘暇發呆。這麼一來，全班也就沒有一個孩子不聽課了。

Step 2　認識海洋吸塵器的發明者柏楊（Boyan）

　　海洋吸塵器，多有創意的發明！趁孩子對這項工具燃起熊熊興趣之際，我打鐵趁熱，引導他們去思考該組織的創辦人柏楊・史特拉（Boyan Slat）發明此物的歷程。

1 看影片，了解創辦人的發明動機與經歷

　　柏楊高中時去夏威夷浮潛，看到海洋垃圾引發的汙染問題，就決定要想辦法解決。他憑一己之力發明了簡陋的工具，也因此進入了知名

大學。但柏楊沒有忘記初衷，為完成理想，他毅然輟學，持續投入海洋吸塵器的研究、籌備資金、多次模擬實驗等。

2 圈五卡板，探討柏楊的性格並說明理由

　　柏楊這位年輕人，年紀比課堂上的這些孩子大沒幾歲，卻已經在為全球海洋生態做出貢獻。對孩子來說，這無疑樹立了生涯發展的另一種典範。所以，我刻意引導孩子去觀察其事蹟，要求他們借用五卡來評論柏楊這個人可能具備的性格，並說明自己這樣想的理由。例如，「他很『正義』，因為他看到海洋垃圾問題，挺身出來解決。」這項練習，不僅訓練語文表達與邏輯思考，也是一種人格教育，除可深刻認識對方，還能間接砥礪自己。

Step 3 DFC 實作：我的私人版海洋垃圾清理工具

　　當孩子也興起見賢思齊的念頭時，我們並沒有直接奔向海洋，而是在教室裡展開一場模擬實作。

　　2009 年印度發起的「全球孩童創意行動挑戰」（Design For Change Challenge，DFC）強調讓中小學生去思考身邊或社會上的問題，並實際去解決問題。而這次教學也援用了 DFC 的概念，讓孩子分組，試著自行去做出一個「海洋吸塵器」。

　　孩子在動手做的過程中，能感受、想像，並實踐（實際做出來），最後再以報告的形式跟大家分享。

1 製作實物：要釐清的是，我並不是要孩子做出一個「真的海洋吸塵器」，而是讓他們發揮創造力，自己畫出設計圖，再用教室現有的掃把、紙箱、積木、回收物等進行拼排、剪貼，嘗試去呈現自己的構想。

2 小組報告：做完實物，接著就要小組上台報告分享。為讓場面不至於淪為「報告者不會講；聆聽者（觀眾）沒人聽」的情況，我賦予雙方

讓孩子分組討論，集體設計一個「海洋吸塵器」。

再按照設計圖，用教室裡的現有回收物來呈現自己的構想。

最後，每一組都要上台展示並說明自己的設計。

以下任務：

● 報告者：事先排好要講述的具體內容，包含「名稱」「構造」「功能」「用在哪裡？」「還可以怎麼改進？」這些可在上台報告之前先用小白板逐一列出。

● 聆聽者：在台下聽講的同學則要做這兩項任務。

任務1：用空白小白板畫表格，並用這表格為各組評分。表格針對各組報告者的「小組合作」「產品完整度」「報告品質」「設計圖精準度與精美度」「課程安排」這五個向度畫出欄位。

任務2：針對別組報告內容，提出自己的建議或疑問。

我之所以將孩子明確劃分成報告者與聆聽者這兩種身分，主要是為了防範後者因無聊而起鬨的秩序問題。

當聆聽者有任務後，他們就得認真傾聽台上在講什麼，不知不覺就杜絕了不專心的狀況。至於對聆聽者被分派的任務2，我提醒孩子：「這可不是『踢館』，而是雙方交流。或許，報告組可從你的建議中得到好意見，

把他們的作品改良得更好。」

第三週 結果 —— 我怎麼因應？

素養 道德實踐與公民意識：採取行動為環境盡一份力

任務 小組合作，想辦法及時阻止垃圾全跑到太平洋垃圾帶

　　到了第三週，由於孩子在前兩周共四堂課的教學，已逐步認識、實踐並體驗海洋垃圾這個議題，因此，這階段我將讓他們用桌遊「模擬體驗」，再為本次學習進行總結。

Step 1 **桌遊：從認識到體驗「海洋危機」**

　　接下來，最受孩子歡迎的桌遊登場了！「海洋危機」是一款以海洋垃圾為主題的桌遊，這款合作型遊戲需要團隊裡每個成員共同努力，想辦法清掉海洋垃圾。

　　孩子在遊戲過程中，可以用更全面的角度來了解海洋垃圾從形成到解決的歷程，從而達到以下教學目標：

1 了解海洋垃圾的形成：從上游→中游→下游、會隨著洋流漂流，掉入太平洋垃圾帶後，就很難清理了！

2 了解解決海洋垃圾的策略：直接撿垃圾、淨灘、垃圾研究、汙水處理廠、海洋吸塵器等。

　　引入這套桌遊時，我的具體教學步驟如下：

1 老師先幫學生分好組別：每組 8 到 10 人玩一套桌遊；其中再細分，兩兩為一個小小組（粉紅隊、黃隊、綠隊、藍隊、咖啡隊）。

2 老師先幫學生分配具體工作：事先規定好各小組的工作內容，不准吵架。例如：隸屬為粉紅隊的兩名學生要負責幫全組擺放好「陸地圖板」和「海洋圖板」。

3 從擺放桌遊的圖板到第一回合，老師搭配使用教學影片，一步一步帶著全班孩子去操作。

4 當學生熟悉流程後，才讓他們自由進行，老師則至各組進行個別指導。

玩遊戲雖然歡樂，但我們可別忘記將桌遊引進教室的初衷就是為了「寓教於樂」！所以，就別花太多時間在說明遊戲規則或管理班上秩序了。那麼，該如何讓學生玩得有效率又有收穫呢？

為使每位學生都能清楚看到如何玩這套桌遊的示範動作，我們事前錄製了一段簡短的教學影片，利用教室現有設備播放，讓孩子很快就明白這套桌遊的遊戲規則。

桌遊「海洋危機」讓學生透過擺入垃圾、小隊員、讓洋流旋轉的程序，明白海洋垃圾的前因後果。

此外，當天教室裡除了我與智琪老師，還商請了學校其他老師到場當助教，以便在孩子玩桌遊的過程能隨時給予指導。

接下來則是最重要的訣竅：讓每個人都有事情做！考慮到這些孩子未必習慣分組的學習模式，怕他們花太多時間糾結於自己到底該跟誰一組才好之類的問題，所以，這次就由老師直接幫他們分好組別、指派工作。別擔心這樣硬性分組會有團體溝通不良的情況。通常，孩子為了玩，都會表現的很積極正向。再加上旁邊還有老師隨時關照，每個人也都有任務在身，別擔心會有班級秩序的問題！

Step 2 總回顧：我從這六堂課學到了什麼？

首先，驗收一下之前教學的成效吧！我請孩子回答以下三個問題。可請孩子用小白板或學習單來答題，老師決定要用其中哪個方法皆可。

Q1 這三週的課程裡，令我印象最深刻的活動是？

Q2 我的改變與收穫是？

Q3 面對海洋垃圾問題，我馬上可以做的事有哪些？

學生省思心得範例：

A1 讓我印象最深刻的是一個高中生能想出「海洋吸塵器」這麼對環境有很大幫助的發明。

A2 我的改變與收穫是，我理解了人類「亂丟垃圾」會對海洋造成這麼大的影響。

A3 我馬上可以做的事有：參加淨灘活動、少用塑膠袋、吸管，讓海洋更乾淨。

Step 3 **延伸活動：彎一下腰，我也可以救海洋！**

在這系列課程最後，可約好時間帶孩子一起至附近的海邊淨灘，親身實踐保護海洋的行動。如果參加淨灘活動有難度，那就從自己周遭的校園做起！「因為，亂丟在校園裡的垃圾，最後也有可能會隨著風、河流等途徑進入海洋。」我的說明也獲得孩子的認同。所以，在校園裡彎腰撿垃圾，就是最簡單又即時的行動！

📖 智琪老師的觀察

這次，我跟著溫老師脫離原本帶的班級，到別班進行教學。

師生互動往往會影響教學成效，我自己也透過這個機會領悟到：在雙方彼此不熟悉的情況下，教師其實可透過策略來有效引導對方學習。

1. 小白板暖身，入新班的破冰好幫手

每一次入班，都要面對形形色色的陌生學生，該如何拉近師生間的距離呢？我發現，小白板就像面鏡子，讓老師有空間將舞台歸還給孩子，也有機會看到每位孩子的產出。溫老師往往會來這麼一句：「哇！我喜歡你這樣的畫法！剛好可以給其他同學做示範！」光是這樣的鼓勵，就能讓師生關係再拉近一些些。其他孩子也會看到溫老師包容、不做過多評價的態度，也更加的放心與信任。使用小白板還有個好處：當孩子有具體任務（用小白板作筆記）要投入時，就不會覺得無聊或不知所措了。善用這項輔具，老師能更快速的融入新班級喔。

2. 簡化教學架構，讓孩子也能輕鬆上手

海洋的議題又深又廣，包含了海洋垃圾、海洋動物誤食垃圾、生物鏈的間接影響、垃圾的種類……要在六堂課內一次拋給孩子這些內容，他們恐怕難以消化。該怎麼辦呢？

溫老師祭出一個簡化架構：「是什麼 ➜ 怎麼做 ➜ 結果」，不必給很廣的資料，孩子也能深入海洋教育的議題。

她腦中對這樣的教學流程有著清楚的架構。比如，當洋流帶動垃圾及太平洋垃圾帶被引出後，孩子心中便會產生不小的衝擊。因此，在「是什麼」的教學階段，老師不用多談什麼，反而將教學目標放在「讓孩子有回饋、便有產出」的部分。整場教學的重點讓孩子有「咀嚼知識」的機會，而不是一次塞太多知識給他們。

時時讓孩子有事做，輕鬆管好班級秩序

在 DFC 階段時，有一組進度較快，當別組還在製作時，他們已經完成實物了。全班進度不一，該怎麼辦？溫老師讓完成作品的小組先向她進行口頭報告，講完之後再寫心得。這時，沒完成的組別就得以不受干

擾的繼續完成，如此一來，先完成的孩子不會沒事做，進度較慢的也不會因為別人的催促眼神而壓力大增。每個學生都各有任務，且任務是量身訂做的。他們上完這兩堂課只覺得充實，而不是無聊或備感壓力。

此外，當課程結束後，溫老師在跟我討論時還率性的說：「小組報告時，我讓觀眾用小白板評分，目的只是為了當下他們去聽別組在講什麼，所以事後他們的成果如何，是否有哪組漏掉沒有評到之類的，我不會太在意。」可見得溫老師只在意孩子「當下是否專注」，至於他們做出怎樣的作品，老師無需太計較。

孩子其實比你想像的更厲害！

不管是看影片、小組分享、聆聽小組報告……孩子永遠都有一個任務必須完成。我印象最深刻的就是，孩子比你想像的更厲害！

這次「DFC」課程，完全體現了溫老師「無為而治」的精神。沒有過多的引導，她只先起頭分享一些清理海洋的構想後（某些學生提供點子），便把時間還給孩子，過程中亦完全沒有限制組別人數（要自己做也可以）。

我觀察到，起初許多孩子還有鴻圖大志，想要完成自己專屬的作品，但設計圖畫著畫著，就感到困難了，於是開始相揪聚攏為小組。有趣的是，有兩位好哥兒們起初除了自己畫設計圖，還互相幫對方「找碴」，這樣的過程正好也讓彼此的設計更完備。最後，兩人就合作完成一個實物了。

我很喜歡孩子這樣自發性的互動歷程，伴隨著協調、共找優勢（使用誰的點子？誰的點子不錯也可以融合？），孩子能開心跟朋友分享，達到以下目標：

1 認知：不斷動腦，琢磨「海洋垃圾」的議題及解決方式。

2 情意：享受與同學交流的樂趣，能實踐自己的構想也成就感十足。

3 技能：學習合作討論、上台報告的技巧。

桌遊教學也需要策略！

　　這場教學我們請了校內的杜老師一起加入。我們看到年輕的杜老師很有次序的教孩子玩桌遊。透過觀察杜老師的教學，我發現，教孩子玩桌遊並不是一股腦兒把全部規則塞給孩子就好。資訊無法消化吸收，只會讓孩子放棄，然後開始放空。杜老師用非常具體清晰的脈絡，循序漸進的指導學童。光是遊戲流程，就發展出四個口訣來幫孩子記憶。

　　此外，工作分配由老師指派好，更是大大減少學生衝突或溝通不良的狀況。還有，一個口令一個動作的學習模式，能讓學生跟著老師依序完成許多步驟。例如：擺好桌遊盤面 ➜ 放第一回合的垃圾 ➜ 開始第一回合的遊戲 ➜ 垃圾漂移 ➜ 洋流漂移，每個步驟都是老師先示範一次，然後學生馬上照做，直到熟練規則之後才放手讓學生自己玩。

　　桌遊指導不僅是人際互動的模擬試場，也創造了一個讓所有人都得以集思廣益、共同尋找解決方案的情境。我覺得，經由實際的思考，孩子對海洋垃圾問題的解決方式必會更有概念。

回歸自我的省思練習很重要

　　老師的工作除了提供讓孩子衝擊的知識，也別忘了在每個階段給孩子「反求諸己」的機會。例如：請他們寫下當自己得知海洋垃圾問題時的情緒、推論柏楊應該是怎樣的性格、DFC 創作海洋吸塵器、課後省思學習……這其實是一種多元評量的形式，每個階段都給孩子一個思考空間，指派不同任務，讓孩子得以反覆咀嚼老師教導的內容。我相信，孩子有了這樣的反思機會，才能對議題擁有深刻印象及個人見解，進而達到「有效教學」的目標！

修練：探索自我潛能，認識社會準則

「你有穿胸罩嗎?」如何跟小大人好好談「性」

■ **課例示範**　翰林版六上《健康與體育》第七單元「知性時間」

■ **預計成效**　從情境故事中反思「性」的重要,也建立了對「性」與相關法律的正確知識。

■ **社會人文**

國際	地理	歷史	心理	經濟	政治	法律	文學
			✓			✓	

■ **學習型態**

參觀訪問	蒐集資料	筆記整理	欣賞體驗	討論報告	實作練習	調查分析	省思寫作
		✓	✓	✓	✓		✓

■ **核心素養**

A 自主行動			B 溝通互動			C 社會參與		
A1 身心素質與自我精進	A2 系統思考與解決問題	A3 規劃執行與創新應變	B1 符號運用與溝通表達	B2 科技資訊與媒體素養	B3 藝術涵養與美感素養	C1 道德實踐與公民意識	C2 人際關係與團隊合作	C3 多元文化與國際理解
✓	✓		✓	✓		✓	✓	

✦ 溫老師怎麼想

A男：「你知道○○○內褲的顏色嗎？」

B女：「變態！你問這幹嘛！」

A男：「那你知道她有沒有穿胸罩？」

B女：「你好噁心，我要跟老師說！」

我很好奇班上孩子會怎麼看待這樣的「內褲、胸罩事件」，於是，本來六年級才會上到的「兩性課程」就提早登場了。

向學生簡單說明上述案例之後，我知道接下來的詢問必會掀起孩子的異常反應，因此特意用比平日更和緩、堅定的語調開啟話題。「你們覺得，對性好奇是正常的嗎？」幾個男孩立即嘻笑起鬨：「好色喔！」「老師你好變態、好噁心喔！」「為什麼要談這個？我們才不想聽！」

與半大孩子談性，你需要鎮定、敏捷與堅持

早已預期孩子會這樣，特別是男生，因此我馬上回應：「對不起，我覺得這很重要，因為這是每個人都會遇到的事。它沒有什麼不對。但你們幾個卻不斷用嘻笑的態度打斷我，讓我覺得不受尊重。如果你真的不想聽，可以暫時去教師休息室！」孩子看到我並未因為他們挑釁而被激怒或退縮，就連語氣與眼神也照常平和，他們一臉歉意的說：「老師，對不起！」我也快速給予回應：「沒關係，這是很重要的一堂課，我們從相互尊重開始。」

接著，我繼續釐清觀念。「我發現，有很多人只要一聽到兩性交往或生理變化的議題，就會開始譏諷他人『啊——好變態喔！』變態這個詞，用在毛毛蟲化蛹成蝶的過程，每個人都會覺得非常正向，也很自然，可

是，當我們的身體特徵隨著成長而改變，這時卻有人帶著戲謔、不尊重的語氣用上『變態』這兩字，企圖讓別人覺得受傷、受到羞辱。再說，為什麼小時候換牙齒，你們不會說『唉唷，你換牙齒了，好噁心喔！』但是，長了胸部卻會讓你們感覺罪惡或羞愧？這有道理嗎？」

當我一再為性議題「除罪化」，孩子也慢慢的收起輕浮與戲謔態度，整個班級呈現一股健康、溫暖、樂於求知的氛圍。當然，這樣的開頭，也為接下來的小組討論及全班討論做了最好的鋪陳。

與半大孩子談性，你更需要先去傾聽他們的心聲

親愛的老師，如果上述那個「內褲、胸罩事件」裡的男孩是你班上的學生，你會怎麼處理？

我在國小任教的這 31 年裡，台灣的兩性教育一直往前邁進。從好的方向來說，這當然是性意識抬頭了；但我們也因此只要稍有不慎，就很容易擦槍走火、處理「過」當，催生出受害者甚至是二度傷害者。從另一個角度來看，有時候迫害者只是無心之過，卻從此被貼上標籤或被霸凌──這類案件不是沒有！甚至，老師原是一番好意，想要矯治孩子的言行，卻換來當事人自暴自棄的回應，因為老師在無意中把他推向更黑暗的未知。

請孩子站在不同角色的立場來思考校園性騷擾事件，有助於他們之後能以正確觀念與行動去面對這類情況。

為何我們面對「性」這個棘手議題，往往是親師生三者皆輸的局面呢？到底是哪個環節出了錯？我想，沒

有人故意想去傷害誰，特別是大家都想保護的未成年孩子。但是，我們真的以為孩子想的就跟我們一樣嗎？我們真的關心過孩子的想法嗎？所以，何不就讓孩子先談談他們想怎麼辦？

溫老師怎麼做？

　　小學生到了高年級，青春期特徵越來越明顯，他們也不免對「性」抱存越來越多的好奇。就連日常話題，也多了跟戀愛甚至跟生殖器官有關的玩笑。「性」對他們而言，是一個既想知道卻又令人抗拒的矛盾存在。

　　不妙的是，我們的社會氛圍並不太願意正面回應那些與「性」有關的話題。大人迴避的態度讓孩子覺得這些內容是不正常的，所以他們只能偷偷摸摸從片段的傳言或網路資訊來探求。霧裡看花的結果，反而對「性」產生更多偏見或錯誤的想像。

　　因此，我希望這次教學能從「自我檢核」「繪本／個人經驗」「情境故事」這三個方向出發，促使孩子達到下述三個學習目標。

1 了解「性」這議題的範圍其實很廣泛

　　孩子可能不知道，所謂的「性」並非只有表面看到的性愛、性徵改變或戀愛等，它還涉及了法律、健康、文化、藝術等層面。

2 藉由認識，學習更客觀的看待這件事

　　老師可透過口頭補述或使用繪本等媒介來滿足孩子對這個議題的好奇心。此時，老師的態度很重要，否則，孩子很容易就開始起鬨，輕佻看待要探討的議題。

3 以「同理心」取代「貼標籤」的思維

　　孩子學會在面對性騷擾行為時，不要只是一昧的責罵對方「變態」，而是能夠以「他很好奇卻用錯了方法」的角度，試著理解並同理對方。

當然，我們在此之前一定要先引導孩子有說「不」的勇氣，以杜絕這種不尊重他人的性騷擾行為。

爲性「去汙名化」四部曲

素養 符號運用與溝通表達：情理法兼顧討論性議題

任務 透過繪本與真實情境，思考對性應該具備的觀念與態度

　　我認為，了解是嚇阻一切不當思想及言行的終極解方。所以，當班上學生涉入性議題而出現類似霸凌的行為時，我通常不會直接懲處施害者，而是試著去同理對方。在滿足孩子的好奇心之後，再慢慢導正偏差的概念與行為。

　　比如，我以前帶過的班級裡面有位慢飛天使。某次校外教學，一群孩子嬉鬧著抓住他的小雞雞。當時我並沒有責罵這群孩子，而是用開放心態去接受「他們對這件事的好奇」，並提醒對方：「當你覺得好奇時，可以去找一些相關的繪本來看，或是詢問師長，不應該用這種打鬧、傷害別人的方式。」

　　為什麼要用這麼迂迴的方式處理？因為，我們大力懲罰那群孩子的話，反而只會讓他們對那位慢飛天使產生更多的負面情緒。所以，我在面對性議題的態度就是：先同理孩子對此會有好奇心，接著去滿足他的好奇，再糾正他的觀念；有了正確觀念，自然也就不會有偏差行為了。以下是我輔導孩子正確面對性議題的過程。

Step 1 填表格，了解孩子對「性」有多好奇

　　為了解孩子對這些議題的理解及好奇程度，我根據教育部性教育教學資源網的「六大議題的分類」，整理成以下表格。

1 人類發展：生理、解剖、青春
　期、身體外型

2 關係：友誼、愛、約會、婚姻
　與家庭、教養子女

3 個人知能：價值觀、做決定能
　力、判斷力、溝通、交涉與協
　商、尋求協助

4 性行為：性反應、自慰、性功
　能障礙

5 性健康：避孕、墮胎、性病與
　愛滋病、生殖健康

6 社會與文化：性別角色、性
　與法律、性侵害、性與媒體、
　性與藝術、性與宗教、性的多
　樣化

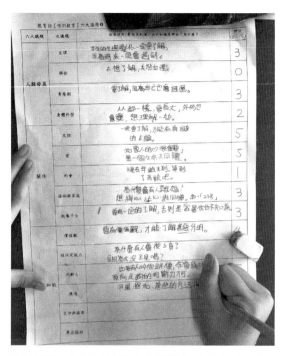

請孩子照表寫出自己對這六大議題的了解與好奇程度，
這張表格也提醒他們：「性」的面向其實很廣泛！

　　我在課堂發下這張表格，請孩子填寫他自己對這六大議題的各個層
面，感到好奇或想了解之處，並為自己「想知道的程度」進行評分。

　　這份表格就是我的前測，能讓我大致明白每個孩子目前對這些議題的
認知到了哪個程度。

Step 2　說故事，用繪本幫助釐清性這件事

　　雖然我事先已去掉一些較艱澀的用語，但這份表格裡頭仍有一些語彙
如青春期、自慰、性別角色等，是孩子現階段還不懂的。這時，老師可
用自身經驗來說明這些字詞的意思，或透過朗誦故事繪本、看影片的方
式，帶領孩子認識這些語彙以及相關的正面觀念。

當孩子覺得自己的好奇心與行為能被老師同理了，我們再用故事去滿足孩子的這份好奇。我認為，好聽的故事能有效預防尷尬抗拒。這次我用了繪本當輔助教材。像是《我的小雞雞》介紹了男女的差異及私密部位的構造；《你不可以隨便摸我》則提到每個人身體器官的隱私性，並且說明抓別人小雞雞的後果。

聆聽繪本裡的故事，這樣的經驗除了可將孩子逐步帶離「對性的汙名化」，也撫平了他們內心因為對性好奇而產生的罪惡感。「原來，好奇並沒有錯！錯的是你用什麼手段去滿足你的好奇心！」

Step 3 情境分析與討論，思考性議題的各個層面

當孩子面對「性」的心態變得正確了，我們再透過分析故事裡的情境，帶領孩子去探討性議題。以下是我設定的情境小故事。

A 最近在臉書發私訊給幾位同年齡的女同學，詢問她們：「你們有穿胸罩、內褲嗎？」結果被幾位女同學罵「變態！」。最後，其中一位女同學的家長，截圖讓導師知道這件事情。

一開始上這堂課的時候，我已向孩子示範了當自己不受尊重時的應對之道。「重點是，你的態度要堅定且嚴肅，接著再向對方說出自己的情緒及感到心裡頭不舒服之處。」我提出以下提問，讓孩子先試著自行發表想法。

1 勇敢對你的痛說「不」！

　● 如果你就是故事裡的 B，你的情緒是什麼？為什麼？（用五卡板圈選並註解）

　● 你對 A 的評價（性格）是什麼？為什麼？（用五卡板圈選並註解）

　● 你要如何的勇敢讓 A 知道你覺得不舒服？

2 你覺得 A 對「性教育的六大議題」哪些部分感到好奇呢？請把它勾選出來。

3 你覺得，A 對這些議題感到好奇而採取的行動恰當嗎？這樣的行為可能會導致什麼後果呢？

4 你覺得，自己該如何調解對性的好奇呢？什麼行動較不會傷害別人？

5 你覺得，A 在「性教育的六大議題」的哪些地方可能還要更多的學習？

針對提問 **2**，溫老師偷偷透露答案：很明顯的，A 是對「生理構造」、「青春期」、「身體外型」的變化感到好奇。**5** 這題的回答應該是：「價值觀」、「做決定能力」、「判斷力」、「溝通能力」和「性與法律」。記得喔，請學生發表想法時可千萬別講出答案，必須讓孩子先試著自行腦力激盪一番。

用五卡板幫孩子分析當事者雙方的性格與情緒、進而促進對他人的了解。

接下來讓小組自行討論。「導師與家長該怎麼做，才能讓 A 明白自己的錯誤與後果，卻不會大傷其自尊或導致他被貼上標籤？」最後，再請孩子個別用小白板記錄這些討論出來的結果。

孩子經歷了前面的過程，他們的心現在已經變得相當柔軟了。大部分孩子都表示：「我們可以用講的方式，告訴他對性好奇時的其他策略。」還有孩子畫出雷達圖，分析不同做法的後果。他說：「如果上法院告他，A 可能會變乖，但也可能會因此心靈受創、不敢來學校。如果你打他，他可能會稍微知道自己犯錯了，但也可能想要反抗。所以我覺得用說的方式比較好。」

Step 4 納入法律，讓孩子認識相關的條文

至此階段，我們的教學已處理了「情」與「理」的部分，但我們畢竟是生活在法治社會，所以還應當考慮「法」的層面。

不管什麼事，一碰到法律就只能就事論事，難有轉圜餘地。為讓孩子明白法律的現實面，我擷取了這四項與性有關的條文來當範例。

1 《性騷擾防治法》第 2 條，說明性騷擾定義。

2 《性騷擾防治法》第 25 條，觸犯性騷擾的罰則。

3 《性騷擾防治法》第 2 條，校園內較有可能發生的性騷擾定義（節錄部分）。

4 《性騷擾防治法》第 26 條，校園性平事件的處置。

雖然法律聽起來挺嚇人的，卻能如實反映做出性騷擾行為的後果。期望這樣的學習經驗能幫孩子在面對性議題、性騷擾，或是他自己因為過於好奇而想要暴衝時，還有一條「法」的理智線能拉住他，達到警醒的效用。

📖 智琪老師的觀察

當孩子在填寫那張「對六大議題的好奇」的表格時，好幾位學生問了我許多問題。我自己似乎也被世俗價值觀給框住了，所以當時顯得有點尷尬而說不出口。

談「性」不尷尬，老師的態度很重要！

我很欣賞溫老師能用這麼多比喻，不動聲色的提醒孩子：「性這件事並不可恥，你也不需因為對性好奇而產生罪惡感。老師不會因你的好奇，便視你為異類或變態。」孩子接收到老師的「信任」及「不評價」的訊息，他們在接下來的小組討論才敢暢所欲言、產出更多元的想法。探討性議題的教室，氛圍也終於不再是充斥著嬉鬧與玩笑了。

我喜歡溫老師維持著一貫堅定沉穩的態度，以及她所抱持的開放心態。為人師者如此，才能接納孩子因為對性好奇所犯下的各種錯誤，也能讓「性」這件事終於上得了檯面，為孩子帶來全新的心智啟發。

看看學生在上過這兩堂課之後所寫下的心情小語，相信你也會跟我一樣很認同溫老師的做法。

✏️ 學生省思

1 好奇是無罪的，每個人都有好奇事情的時候，但不能太超過的去問別人太隱私的話題，才不會讓別人覺得不舒服或生氣。

2 了解人是有權利把一些事隱藏不告訴別人的，而其他人也要尊重，問別人「性」的事也是不禮貌的，在好奇之前要先有所思考。

3 可能有些老師不想跟學生一起討論這方面的事情，但溫老師不逃避。我們小組討論了解決方法，也考慮到他的好奇是正常的，不要去用異樣眼光或嚴厲指責傷害他。

4 這堂課我學到如何用同理心解決與面對問題。

5 我學到：如果有人問你那種不好的問題時，你就會知道那個人的心態就是非常想用「性」來捉弄女生，這時就要好好跟他溝通。

只要給予妥善引導，半大不小的孩子也可發揮圓滿處世的能力！

心情小語

　　許多大人如果遇到這種話題，總是會遮遮掩掩的，讓小孩不知所措。可是，大人這樣遮掩，小孩會完全不想去了解嗎？將來就不可能遇到嗎？人，會想去了解，都是因為好奇。人有好奇的心態是正常的，不然你就不會想去學習。最近，老師發下了「性」的教育問卷，主要是在問我們想不想了解。

　　很多人一看到「性」這個字，就唉唷唉唷的叫了起來，特別是男生。但我不見外，因為男生總是不懂得如何表達自己的想法，只會用那種幼稚的方法表達。音樂老師以前就說過，男生和女生的心智年齡差了三歲，現在 12 歲減 3 歲等於 9 歲，所以男生的心智年齡才在四年級左右，但女生就不同啦！女生在我看來並沒有露出什麼特別的表情，頂多是皺一下眉吧。

　　我不曉得性在每個人眼中有什麼看法，或許是認為變態之類的吧？或者是聯想到其他奇奇怪怪的東西。雖然我們都曾經想過，卻沒有好好去看待它。

　　今天老師讓我們去想想，如果有個男生問女生「你有沒有穿胸罩」或是「你月經來了沒」這種令人討厭的問題，你會怎麼教那個男生呢？我們這組提出了幾個方法，然後從中選出最適合的方法：

1 責罵、揍死他，反正他活該！

2 打官司，打到他進牢，無可救藥了！

3 好好和他溝通，讓他知道嚴重性！也告訴他對方會有多不舒服。

　　我想，如果只有打、罵，他會聽嗎？好好溝通有用嗎？能保證以後不再犯？所以我想到可以溝通後再讓他吃一點苦，若再犯就以民法、刑法、憲法來送辦！

探索自我，找出適合自己的職務與幸福人生

■	**課例示範**	南一版五下《國語》第十課〈橘色打掃龍〉
■	**預計成效**	用心理測驗探索自己，並從自己的正向性格中思索未來的職涯亮點

■ **社會人文**

國際	地理	歷史	心理	經濟	政治	法律	文學
			✓				✓

■ **學習型態**

參觀訪問	蒐集資料	筆記整理	欣賞體驗	討論報告	實作練習	調查分析	省思寫作
		✓			✓		✓

■ **核心素養**

A 自主行動			B 溝通互動			C 社會參與		
A1 身心素質與自我精進	A2 系統思考與解決問題	A3 規劃執行與創新應變	B1 符號運用與溝通表達	B2 科技資訊與媒體素養	B3 藝術涵養與美感素養	C1 道德實踐與公民意識	C2 人際關係與團隊合作	C3 多元文化與國際理解
✓			✓			✓		

✪ 溫老師怎麼想

「為什麼我沒辦法像 A 一樣擁有那麼多朋友？」

「為什麼 B 的成績那麼好，我卻不行？」

「為什麼 C 總可以想到好點子、跳出來領導大家，我卻好像沒那麼有想法？」

我是誰？我該走向哪裡？

從皮亞傑（Piaget）的認知發展理論來說，孩子升上五年級之後，心理認知就差不多脫離「自我中心」的階段。他們開始將注意力從自己的個別經驗轉向外界的社會互動。因此，學生會越來越在意人際關係，與同儕也會有更多的比較。在社會化的同時，也對自我價值多了幾分迷惘，開始思索「我是什麼樣的人？」「別人是怎麼看待我的？」

這些孩子即將邁入國中、高中，我認為，師長在這時應協助他們去覺察自己的興趣、專長與特質，之後才能找到自己合適的科系、適得其所的職場方向。自我了解，將成為讓他們在人生這條路能走多遠的「暖身」。若孩子還沒從關鍵性格中發掘自己的獨特性，他可能就沒有機會證明自己能展翅高飛，就被「自我否定」給擊倒！這也是為何教育當局從 2015 年開始推出「打造前瞻技職人才計畫」，在國小階段就推動職涯認知教育的原因之一。

現在，就讓我們來幫孩子了解自己、發掘自我優勢吧！

● 溫老師怎麼做？

世界變動如此之快，體制外的實驗教育如雨後春筍般快速林立，他們在憂心什麼？簡言之，就是擔心過去的教育已不足以應付時代變動。那

麼，在教育體制內的我們，又該如何因應這項事實呢？

一、誰說一定要到體制外，才能與世界接軌？

素養 身心素質與自我精進：認識自己的性格特質

任務 1. 思考自己的特質與適合從事的工作；2. 掌握寫履歷的要訣

如果一篇課文只是讀過，即使是再有策略的閱讀，充其量也只是在文學方面加分。然而，文學的框架其實可以被拉大，甚至延展到自我生命價值的探索。比如，南一版國小五年級下學期國語課本裡的〈橘色打掃龍〉就很有意思！讀畢這篇文章，很容易讓人想到以下三個重點：

1 形象廣告的重要

2 工作態度與實力養成

3 如何讓全世界的人都能看見你的價值

一間公司理應如此，那麼，一個人又何嘗不是呢？尤其在 AI 人工智能當道的今天，我們若不想被取代或淘汰，就得盡早習慣隨時檢視自身價值，想方設法把能力發揮到極致。上述三個重點，正是我們可以給孩子的禮物。

那麼，接下來怎麼做呢？

Step 1 找出自己的性格特質

首先，課堂中讓孩子以五卡板為輔具，從自己的正向性格思索適當的職業類別。流程如下。

1 找出自己的 4 個正向性格。（請從五卡板中挑出）

2 從每個正向性格中找出相對應的事實。（自己做得很棒的事）

3 這些正向性格，有哪些職業適合自己呢？（老師同時補充「人力銀行」的求職類別）

4 這些「性格」適合這些「職業」的理由是？（寫下自己的想法）

例如：

1. 性格：謹慎。
2. 事實：打球時會把動作做到位，讓傳球快又精準。
3. 職業：法官。
4. 理由：仔細分析每個人的證詞，審判出最好的結果。

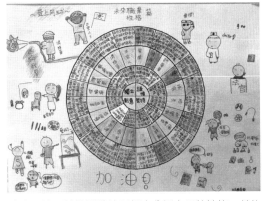

請孩子仿照性格測驗的邏輯去分析自己的性格，並依此畫出一張圖表。

Step 2 用放射狀的圓來插入性格分析表

請孩子把這些想法畫成一個「圓形放射圖」，一層一層的往外擴張思考。接著，再利用這張放射圖幫自己製作一張「形象廣告」。

Step 3 用文字撰寫一份正式履歷

繪製完圖像，再請他們用文字寫一份「履歷」。我向孩子宣達：「請好好介紹行銷自己，讓世界記得、認識你的價值！」用話語激勵人心之後，接下來就教他們寫。

履歷該如何寫？內容掌握以下要點與順序即可！

1 我是誰──基本資料讓你知
2 我的才華和專長──盤點自我能力與實力
3 我的興趣和創意──為自我形象大大加分
4 我可以幫別人（公司）做什麼──為未來出征

二、診斷 6 大學習性格

素養 身心素質與自我精進：用性格測驗探索自我優勢

任務 找出自己的特質，以及可能合適的工作

2018 年 4 月號《親子天下》封面故事「適性而教」，採訪小組特別南下專訪我談「看見班級差異」的主題。雜誌出刊後，我仔細閱讀這篇報導，覺得文章呈現的專業度讓自己既驚豔又讚嘆。不僅內容直指教養、教育的諸多盲點，更有趣的是，這篇裡面還植入了「動手玩」「6 大學習性格診斷測驗」等單元。看著精采的內容，我手癢之餘心想：「這不正是最好的『生涯規劃』教材嗎？」即使當時期中考即將來臨，課堂上應該要趕進度才對，但我仍將這些壓力拋到腦後，決定讓孩子也來自我檢測一番！

Step 1　一次測驗，認清自己的關鍵性格

親子天下的這份線上測驗，將「影響學習的關鍵 12 性格」分為六大向度：

1 自律性（自律 VS. 散漫）

2 謹慎性（謹慎 VS. 草率）

3 堅毅性（堅毅 VS. 脆弱）

4 開創性（開創 VS. 退縮）

5 樂觀性（樂觀 VS. 悲觀）

6 穩定性（穩定 VS. 多愁）

測驗再從這 6 個向度，細分出學習的「習慣或方法」。我們可藉由診斷自己是否符合字面描述，找出自己在每個向度中所占的比重。例如，在「習慣先作計畫再執行」這題，孩子省思自己有沒有符合這樣的習慣，再從「非常不符合、有點不符合、有點符合、非常符合」的選項中選擇最符合自己的答案。在此題得分較高的人，代表「謹慎性」的比重較高。

填答所有題目之後，就可計算自己在 6 向度中的總分。依據分數高低，依序分為綠底區、黃底區、紅底區等三區塊。

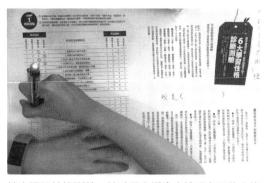

填寫這張性格測驗，讓孩子有機會去檢視自己的人格特質。

Step 2 零失誤，老師化身算命仙來解惑

「這測驗怎會這麼準啊！」在請孩子填寫測驗之前，為沖淡「檢測」帶給他們的心理壓力，我開玩笑的說：「這是一張『算命紙』，它可以讓你找出自己的優勢，也可能因此發現自己較弱的地方。」我進一步解釋，「測驗結果並不是要打擊你們、要求你們改善自己的弱項；相反地，你可以從中去發現、放大自己的亮點。那個弱點也可能會成為推自己一把的力量喔！」

當孩子投入測驗、計分、畫折線圖之際，我也化身「未卜先知」的算命仙，逐一幫他們「解籤」。我告訴他們，測驗結果與「家庭環境」（父母要求嚴格或尊重）及「先天特質」有關。好幾個孩子直呼：「好準！好神奇呀！溫老師真的會算命呀！」

Step 3 補充閱讀，了解性格其實也是助力

除了上述「師生一起算命」的小測驗，我還針對這趟學習補充了一篇文章〈讓性格成為成功助力〉。這篇文章，一開始就描述了小鳥、海豚、小馬和小狗都被要求必須用跑的方式抵達終點，並沒有根據動物不同特質而享有不同待遇。結果，這樣的「齊頭式平等」無法讓所有動物都發揮實力，所以展現出「適性教學」的重要。

為讓孩子認真閱讀文章，我請他們用螢光筆標出「想給爸爸媽媽看到的重點」。這麼一來，因為孩子會期待家長能更同理自己，也就更專注的閱讀。當然，這份檢測的學習資料，最後確實是請孩子帶回讓家長閱讀，期待真的能促成親子間的「心靈交流」！

我希望孩子除了折服這張「算命紙」的精準，還能藉此回想自己過去的經驗，舉出實例來證明自己測出的性格傾向，並談談這次活動對自己未來發展會有哪些好處。

寫作提示：

1 這個測驗讓你感到震撼最大的地方是？為什麼？

2 你覺得自己的性格測驗準確嗎？從哪裡可看出來？（舉實際的例子）

3 談談溫老師為何要幫助你認識自己的特質？對未來有什麼好處？

4 給家長的悄悄話？

讓孩子靜下心，從測驗結果的表象挖掘更多對自我的反思與了解，進而領悟、認清並放下。此時，他們臉上篤定、自信的微笑，就是教室裡最美的風景！

📖 智琪老師的觀察

溫老師在 2018 年 4 月號《親子天下》雜誌提到：「有時候，我們要輕輕放過孩子的弱點，這一份寬容不代表放縱，而是從這樣的寬容中看見孩子的獨特。」溫老師舉出自己在 6 大學習性格測驗測出的結果為例，她並非自律、謹慎的人，而是既草率又散漫；但這樣的性格反而能成為教學助力，為什麼呢？

1. 草率 ➜ 有彈性

因為草率，所以她能很有彈性的適性而教；放過自己，也找到每一個孩子的亮點與方向。我發現，溫老師在對待學生的學業成效時，往往不會強硬要求學生必須面面俱到。例如，同樣是寫字，但是，寫生字的目標就是要練字，當然就會要求孩子把字寫好。但是，在寫作文時，「不打斷文思」會比「字體漂不漂亮」來得重要。

若老師在孩子寫作文時也要求內容完整且字體又工整，這對孩子甚至家長來說將是莫大的壓力，也可能會造成親師生之間的摩擦與衝突。沒想到吧，「草率」這個看來很不利於學習與發展的特質，竟促成溫老師在教學時能用更寬廣的心態去應對孩子的優勢及弱項。

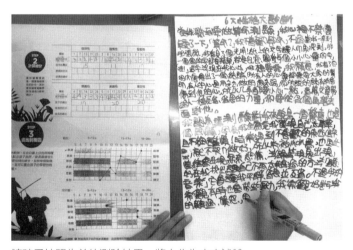

請孩子按照先前的測驗結果，將之化為文字述說。

2. 散漫 ➜ 懂取捨

這點無論是對誰來說，看起來都會是致命的弱點。但對溫老師來說，這份散漫卻讓她學會取捨，適時放掉一些像是花很多時間登記分數、嚴

格批改作業之類的事，因此有時間投注在其他更重要的事情。例如：專注於教學方法與教材分析、分享一篇篇教學案例、精進自身教學技巧。

3. 開創 → 勇於嘗試

這項特點讓她勇於嘗試。每當看到書籍或文章裡的好觀念（例如冰山理論），就會馬上應用到教學活動。她不是等計畫好了或澈底想通一切的時候才執行，總是先做了再說！這樣的溫老師，當然會創意十足呀！

溫老師都如此了，那麼，對於充滿一切可能性的孩子，我們又該如何面對他們個別的特質？當我們拿掉所謂「好」與「壞」的定見，就能看見每個孩子的獨特之處，同時也能包容他們自己本身的短處了。如此一來，或許他們就能像溫老師一樣，揉合所有面向，綻放出最平衡、穩定的結果。

🖊 學生省思

1 這是非常有趣的一課，溫老師將我們當作大人，請我們寫履歷介紹自己，讓我有機會想想自己適合的行業。

2 了解自我的特質、專長和性格是件好玩且有意義的事。

3 我藉由這堂課，清楚的明白了自己的特質和專長，哪些可以加以利用？再配合適當職業，就可以大大發揮自己的專長。

在溫老師的班上

這個測驗讓我了解到原來自己的性格是什麼，讓我最震撼的是我很「樂觀」，但我的「穩定度」（註：面對壓力時的情緒調適能力）是最不好的，老師說我太憂愁了。我認為這個測驗蠻準的，因為媽媽有一次也說我不要想太多，我常常在意別人的一句話而生氣，即使那根本不是在說我。

我覺得很準的是從「自律」的診斷中看出來的，因為媽媽常對外婆說她都沒在看我功課，我都能自動自發的做完，就算時間很少，還是能硬擠出時間把它完成。還有一個例子，就是媽媽都一直和我的親戚說她沒盯我的成績，但我的成績都不錯。

為什麼老師要幫助我們認識自己？因為我們已經五年級了，要好好的認識自己有什麼長處，才不會自暴自棄。

3-3

小六生的雙重使命：訪職人&再次探索自我職涯

課例示範　翰林版六上《社會》第五單元「社會變遷」第一課「從農業社會到工商業社會」

預計成效　藉由觀察、訪問不同職業的工作者，可更明確了解各行各業的特點，也訓練孩子對於影像編輯、文字統整的能力。

社會人文

國際	地理	歷史	心理	經濟	政治	法律	文學
			✓				

學習型態

參觀訪問	蒐集資料	筆記整理	欣賞體驗	討論報告	實作練習	調查分析	省思寫作
✓	✓	✓			✓	✓	✓

核心素養

A 自主行動			B 溝通互動			C 社會參與		
A1 身心素質與自我精進	A2 系統思考與解決問題	A3 規劃執行與創新應變	B1 符號運用與溝通表達	B2 科技資訊與媒體素養	B3 藝術涵養與美感素養	C1 道德實踐與公民意識	C2 人際關係與團隊合作	C3 多元文化與國際理解
✓	✓	✓	✓	✓		✓		

✵ 溫老師怎麼想

升六年級的暑假，我想讓孩子來點不一樣的學習：了解各行各業，順道寫出一篇專訪職人的報導並拍攝一段短片。採訪與拍片這兩件事，都不在學校考試或未來升學考試的範圍裡，但其中蘊藏的認知與能力，卻攸關他們未來人生的考驗！

為何讓孩子了解各行各業是重要的事？

「當醫生最好！」「學藝術，工作不穩啦！」「去考公職吧！」對方的建議是否就真的合適自己？這類意見我們從小到大聽了不少，通常也只能乖乖受教。因為，我們從未思考過這類問題，等到失去學生身分時，已無足夠時間去探索自己的職涯方向了。

其實，對於職涯，在國小高年級就可展開探索了！一來，這階段的孩子已具備某程度的認知與判斷力；再者，他們的人生也將來到職涯選擇的第一個十字路口：從國中畢業時，就得選擇究竟要讀普通高中，還是進入技職取向的高職。念了高中還要選讀不同類組、大學學測指考選填科系、畢業之後要進社會找工作……意即，跨入國中這道門檻之後，一連串攸關人生去向的決定也將迎面而來。

如果，孩子這一路走來只是專注於學校課業，從未探索自己與社會的實況，不曾察覺自己的興趣、特長以及適合從事的工作。等到就職時，大約也只能人云亦云的就職，然後終生嗟嘆這份工作非我所愛。

所以，別拖了，你現在就該放手讓孩子見識學校以外的各行各業！

為何要讓孩子去專訪職人並寫成報導？

那麼，為何要孩子去採訪從事各行各業的人士，並將這樣的作業以文字或影像的作品呈現？

我認為，現在還單純只是「學生」的孩子，他的生活範圍其實很有限，除了家庭就是學校，少有機會去探觸或認真思考生活圈以外的社會百態。透過執行這次任務的過程，可促使他們學會觀察、剖析社會上的人與事，設身處地理解真實人生裡的各行各業以及從事該行業的人，然後再將這些理解轉化成要繳交的人物報導或紀錄片。你想想，這趟操練下來，孩子可以演練到多少的核心素養能力！

我不敢說這次任務是讓孩子通往未來職場的「直達車」，卻十分確認這能幫他們打開視野，對各行各業與人產生好奇，進而用更廣闊的心眼來看待世界。最起碼，這樣的訓練可讓他們在未來求職或面對職場時有較充足的「心理準備」。

所以，就趁現在讓孩子去採訪學校以外的職人吧！

溫老師怎麼做？

我帶這班的一年來，這群孩子經歷了「即興演講」課程的訓練，早已習慣每周錄影，用「口說」形式表達自己的觀點（相關案例請參考《溫美玉社會趴》）。當他們「面對鏡頭」有了豐富的經驗之後，我就要提高任務的挑戰性啦：讓他們利用暑假，試著像記者一樣去採訪各行各業的職人，再錄下這段過程……這點子一出爐，我又順勢思考：「何不趁此機會，讓孩子在長假也學習影片後製編輯，再用『報導體』撰寫人物傳記報導？」

以下將簡述我在暑假來臨前以及暑假期間，指派給孩子的幾項任務。

暑假前：

1 分析人物傳記報導、人物紀錄片手法。

2 試做「職場達人觀察紀錄表」。

暑假期間：

1 繼續完成「職場達人觀察紀錄表」，尋找至少 8 位職人。

2 擬問題清單，訪問其中 4 或 5 位職人。

3 試著將至少一位職人的受訪影片剪輯為「人物紀錄片」。

4 再將其中一位職人的訪談結果，寫成一篇文字報導。

一、認識職人，影像、文字雙管齊下！

素養 符號運用與溝通表達：從文章、影片歸納成功訪問的要點

任務 研究人物報導的敘述手法

有哪些方法能讓我們快速且深刻的認識某位專家呢？在期末的課堂，我提供兩類資料讓孩子分析、參考。

1 影像類：紀錄片

影像是最容易抓住孩子注意力的媒介，而且這次的學習任務還包含了拍片，所以，我從網路找出幾部採訪專業人士的影片，在課堂帶孩子分析這些紀錄片如何去傳達受訪者的專業與特色。以下是全班共同找出來拍好影片的幾個重點：

● 拍攝背景必須是明亮、乾淨、讓人看了舒服的場地。

● 訪問者的提問過程可以剪掉，直接用文字呈現，讓畫面呈現以受訪者為主。

● 若時間允許，不妨側錄受訪者工作中的樣貌，讓紀錄片不只有訪談，還有更真實的工作實況特寫。

● 拍片並非把錄下來的影片檔案照順序播放就好，還必須經過剪接。例如，當詢問對方工作內容時，可在受訪者回答問題之後就插入受訪者工作時的側拍，讓畫面看起來不那麼呆板。

2 文字類：人物專訪

- 江秀真的人物報導：摘自《親子天下》第 3 期（2008 年 12 月號）
  〈女登山家江秀真：攀登聖母峰 看見新生命〉

- 講解「訪問技巧」的文章：摘自數位錄製器材廠商洋銘科技
  Datavideo 官網的參考訣竅〈人物專訪你也是一問一答嗎？跟著
  學聊天超有梗！〉

孩子能從這兩篇文章理解自己該如何提問題，才能從受訪者發掘更多
資訊。例如：家庭背景、童年啟蒙、對職業的想像、自己投入的情形⋯⋯
我提醒全班，每個人都要試著擬出合適的提問，以利於進行訪談，也更
全面的了解受訪對象。即使一開始問題清單沒法擬的完美也沒關係，重
點是要不斷嘗試，慢慢的就會了。

此外，孩子也從江秀真的報導看出：人物專訪常會從受訪者的童年開
始講述，並詳實紀錄受訪者對自己工作的看法以及投入熱情的原因。

帶了他們分析別人拍攝的紀錄片與文章是如何表現的，接下來就請孩
子當「導演」兼「編輯」：從自己採訪的幾位職人裡挑出一位拍攝專訪
人物的紀錄片與專題報導。

二、展開暑期任務之前先建立認知！

Step 1 　觀察並摘錄生活周遭的職人百態

我設計了一個「職場達人觀察紀錄表」，請孩子先觀察各行各業職
人不同面向：內容、態度、專業、可能會遇到的困難、挑戰⋯⋯接著再
請他們從第三者的角度去思考：待在這個職位的人必須具備哪些性格特
質？最後，再為這些人寫下評論。

觀察的前提是「好奇」。若孩子對別人並沒有「想去了解」的心態，
就很難發覺各個職業之間的細微差異。藉由職業的觀察，彷彿是升級版
的探索，促使孩子更清楚的知曉不同職業的具體工作內容。有了觀察評

日期	5 / 1	5 / 5
參與活動	買新衣	安親班
我觀察的職人	服裝店老闆	安親班老師

職人相關細節			
	觀察到的一件事	我看到有人詢問老闆哪裡有適合出席婚禮的衣服，老闆很細心的觀察他的身材、外表合適的顏色，再選出讓客人滿意的服裝。	我看到安親班老師安排課表，也設計了一些畫畫課程，他還事前做好一個教具讓我們先看到成品。
	專業	1. 很會搭配衣服 2. 了解顏色搭配 3. 能和陌生人聊天	1. 要會規劃課程 2. 要能管理班級秩序 3. 要會指導作業（國語、數學） 4. 要勇於帶很多小朋友出遊
	工作／服務態度	1. 主動了解客人的需求，協助客人挑選合適的衣服 2. 面帶笑容 3. 提供客人詢問（婚禮或上班適合穿的衣服等）	1. 要很認真，沒時間滑手機 2. 要眼睛明亮，找出不守秩序的小孩 3. 要有很多想法，設計出有趣的活動
	性格	主動、大方、熱忱、積極、熱情	勤奮、專注、創意、自信、大方、謹慎、堅持

對職人的觀點【觀點列表】	我**認為**賣衣服這份工作很難，**因為**有些人喜歡直接跟老闆詢問衣服，但也有些人喜歡自己看就好。會覺得一直問的客人很煩。另外，老闆要面對很多人喜歡殺價的問題。	我**同意**安親班老師在必要時責備學生的舉動，**因為**學生不乖時還不制止的話，全班秩序就會越來越亂，以至於每個人都沒辦法在安親班學到東西。

論，再加上自己對這些職業的探索，孩子對自己將來能從事什麼樣的工作，將有更鮮明的認知。另外，我也補充：「若靠觀察找不到答案，也可以直接訪問他們。總之，要記錄他們工作上的細節，並評論他們要做好這份工作應具備的性格，以及你對他們的觀點。」

當孩子睜開好奇的雙眼，對職人產生「想了解」的欲望，就能更深入的覺察身邊各行各業的人，以及他們從事的產業有著什麼特色、對社會有什麼貢獻？並學習用更開放、敏銳且能同理他人的心來看待這世界。

Step 2 選擇受訪者

在暑假前先觀察、試寫 1 ～ 2 位職人後，我告訴孩子，接下來在暑假期間，繼續觀察 8 ～ 10 位職人，再聚焦其中 3 ～ 5 位你最有興趣或最好奇的職人進行訪問。

「這個人可以是自己的爸媽，也可以是游泳教練、安親班老師——甚至，出國旅行時你的導遊都可成為受訪對象！」除了限定不可重複採訪相同職業的人，對於受訪者的身分我並不限定，甚至還鼓勵孩子在訪問時也可以跳脫「觀察」角度，更深入的傾聽當事人心聲。

二、暑期正式展開任務！採訪職人的初體驗

素養 符號運用與溝通表達：探訪職場達人
任務 1. 尋找受訪對象；2. 以影音和文字形式報導他的工作

Step 1 訪問、剪輯、文字報導三管齊下

「你有沒有想過外面的世界需要哪些工作？你自己的特質與亮點又最適合被放在哪個職位呢？」這些問題就算大人也不一定答得出來，更何況是未諳世事的孩子。既然我們已經分析過紀錄片和文章，正好能利用兩個月的暑假，放手讓孩子自行去訪問、初步接觸各行各業。

「你有沒有想過爸媽平常上班在做什麼？那麼，餐廳老闆、超商店員、警察呢？他們工作時有沒有壓力或是需要特別訓練的能力？」在長假來臨之前，我跟學生說，憑空想像沒有用！拿起採訪板、筆和攝影機，直接詢問你身旁的「職場達人」吧！

除了觀察、訪問外，別忘了還有一連串的統整歸納行動：1. 剪輯人物紀錄片。2. 完成一篇人物傳記報導。如此一來，訪談的內容不至於「船過水無痕」，至少有一位職人的故事，能在歸納整理的過程中，深深烙印在孩子心中。

Step 2　探索職人

結束了期末的暖身，探索職人的「好戲」即將登場！

1 全程放手讓孩子自主完成任務

整個暑假，拍攝、剪接持續進行中……這項探索職人的任務，可沒有你想像的簡單！採訪時，孩子要知道如何向這些職人提問、有禮的應對；採訪完回到家，還要操作影片編輯軟體，學習剪輯、加入音效等。最後，把訪問到的重點整合成一篇文字報導。正因為要完成這次作品是如此花心力，所以要給他們一個暑假的時間去嘗試。（當然，重點是與職人應對訪談的過程＋錄影，若紀錄片無法完整呈現，我也不會追究）

2 定期追蹤進度：即興演講的另一重妙處

另外，我還結合「即興演講」，請孩子定時上傳影片到班級臉書社群。由於孩子早已習慣即興演講的工作，執行起來毫不費力，我也能藉此管理各組在拍攝職人紀錄片的進度。

他們發表的內容包羅萬象：自己在製作影片時的幕後花絮、專訪時的側拍畫面，或是介紹剪輯軟體等。這樣的發表也會間接促成同儕競

爭的良性循環，因為影片上傳到班網後，孩子也會看到其他同學的進度，甚至從別人的影片中，找到新的靈感。

我相信，和好朋友組成一個採訪團隊，聚在一起討論、一起出去採訪，同時還能接觸各種職業的人，這項任務必定是樂趣無窮！我也期待孩子能在這次長假挖掘對自己對未來工作的興趣與熱情。他們這兩個月的寶貴青春就不會因為放假就留白了！

📖 智琪老師的觀察

這次溫老師指派給孩子的竟是要他們趁暑假期間去採訪職人！但事後回想，這項任務還真是多重效益全都包了——

1 近距離探索各行各業，體會社會人士的辛苦

孩子身旁充斥著各行各業的人：老師、廚工阿姨，餐廳老闆、警察……但他們眼中往往只看到表象，例如以為超商店員只要結帳就好，卻不知道他們其實還得清潔店面、搬貨、盤點，找錯錢或丟了商品得自己賠，遇到奧客還要保持耐心……背後的沉重壓力並非外人能理解。唯有第一手接觸，才能看清各個職業的完整樣貌，進而體會工作人員的辛苦、專業，以及從事這份工作須具備的特質。

2 鍛鍊訪問的技巧，也培養與成人溝通的社交能力

不管是事前擬問題清單，或在採訪時要面對大人或陌生人，全都需要充足準備，並具備好奇、主動與勇氣。這些對孩子來說都是挑戰。

此外，要問什麼題目？如何有禮貌的進行訪問？這些都不是立刻就能上手的技能。由於五戊這個班級溫老師才接手一年，還沒有時間仔細教導他們提問方法及訪問技巧，因此這次只在期末課堂提供文本資料並口頭簡單說明。但我相信，讓高年級的孩子自主摸索、碰撞，能慢慢堆疊出這方面的勇氣與行動力。孩子也能練就出自己在面對成人

時不會退縮、膽怯，應對合宜的能力。

3 拍攝紀錄片、寫人物報導，孩子的編導初體驗

他們年紀還小就嘗試自己拍片、寫報導，感覺頗有難度，但若從「體驗」的角度來看，孩子做出來的成果如何？有沒有抓到紀錄片或人物專訪的精髓？全都不打緊。重要的是，他們能夠嘗嘗當個導演、做為編輯，這兩種職業的工作內容。

當然，這樣的學習任務也能促使孩子將自己的訪問過程重新組織、詮釋，用自己的眼光來深度剖析一個職業的內涵。若只是讓他們訪問就結束這場探索，沒有事後統整的過程，孩子難以將這次的體驗內化為更深刻的認知。所以，拍片或寫報導是有其必要的。

4 暑假不留白，為未來人生「打地基」

放暑假，老師跟家長最怕的就是孩子變成了「宅男宅女」，成天不出門，只想窩在家裡無所事事。「訪問職人」的任務讓他們再也宅不成了！孩子得去觀察、尋找對象，踏出家門做訪問，為暑假留下一次獨特又璀璨的痕跡。更棒的是，認識職業的過程，也讓他有機會確認自己的興趣、對哪種職業特別有感覺。

5 增進親子談心、彼此了解的交流機會

別懷疑，許多孩子都會找自己的爸媽做採訪。你可能會想：「孩子和爸媽都很熟了，有啥可訪問的？」其實不然，爸媽鮮少有機會跟孩子談談自己的工作與夢想。這次的採訪就是最好的機會，更進一步強化親子關係。

6 分組執行任務，好玩有趣又成就感滿滿

比起紙本的暑假作業、讀書心得，這種跟好朋友揪團去完成某項任務的作業其實更吸引孩子！這讓他們暑假期間還保持跟同儕交流的機會，再次練習了團隊合作的能力，也順道增進彼此的感情。

學生省思

1 我們就像一位記者，訪問了很多人，拍下各種影片，最後還完成一部紀錄片，是一次具有挑戰的任務。

2 很棒的課程，讓我們了解各種行業的工作方式，還運用了科技，學習把拍不好的段落剪掉，這樣就不用一直重拍。

3 在這個活動中，我知道臨機應變、團結合作的重要性，並練習把重點整合變成一篇人物報導，非常有趣。過程中，必須大膽、勇敢的嘗試新事物。

4 我很喜歡這個活動，不僅能跟訪問者保有好關係，還能了解到各種職業的差異及特色，甚至學會剪輯！對科技又更熟悉了一些。

5 我學到和他人溝通並且約好時間一起拍影片，再把影片剪輯成完整的紀錄片，這是個漫長的過程。在之中我也清楚的知道當一名醫生、教練或廚師，都不是一件容易的事，我也開始用不同的看法思考自己的未來。

學生作文

職人報導：Melrose 服飾店

受訪者：Melrose 服飾店的老闆娘，召芳阿姨。

召芳阿姨從事這個職業 20 年了，工作地點是台南市中西區中正路 82 號，從事的職業是服飾店，既然是服飾店當然要乾淨、整潔、舒適（有冷氣）並帶給客人一個好印象。服飾店當然不是說你要做就可以做的，因為服飾店的老闆娘，幾乎沒有空閒的時候，不是坐在店裡顧店，就是要去國外訂衣服，當然，

客人來了也要向客人介紹衣服推銷衣服，服飾店可不是一般人可以做的呢！

不只這樣，他們上班前下班後需要做的工作和善後整理真的是非常多的，他們上班前（早上）都要先整理、打掃服飾店，如果客人有要修改衣服，就要在下班後，拿去給修改師修改衣服。他們的工作時間，是中午到晚上9點，幾乎沒有周休，休假的時候，還要去國外訂貨。

召芳阿姨說她念書的時候，在服飾店打工，之後就對服飾有興趣了，畢業後進入了這個行業，之前並沒有嘗試過其他工作。

召芳阿姨認為這個工作所需要的條件是：經驗越多越好，因為，你就會知道要怎麼跟客人友好的互動，學歷沒什麼用，因為幾乎都是自己國的人來買衣服，很少有外國客人，證照也沒什麼用除非你是想要開名店，實習也是越多越好，因為有些人看到客人就會緊張、害怕、說不出話來，所以，就要去服飾店多多學習與客人的互動，年齡沒有限制。

召芳阿姨覺得這份工作適合能刻苦耐勞的人來做，有興趣的人都可以從事，因為你常常不能休息，要一直跑去國外進貨、留在店裡顧店、下班後還要跑去修改師那邊修改衣服、上班時還要聽客人的批評。其實做每份工作都要秉持著自己的毅力和耐心，不然，很快的，你就會厭倦了這件工作。

召芳阿姨和我們談談她的甘苦談，她說每個工作都有辛苦的地方，這個行業的辛苦就是要去國外補貨、下班後有時要跑去修改師那邊修改衣服、上班時還要聽客人的批評，而且常常不能休假，不過，看到客人滿足的笑容，就能忘掉這些不快，也有了成就感。如果，之前自己是被逼迫來實習的，那就不會有這些真實的感受，這些感受真的是自己要親身體會才能了解的感覺啊！

召芳阿姨給想要進入這個行業的人建議：最近景氣不太好，所以，如果想要進入這個行業，可以先去別的地方學習，有了自己的顧客群再來開店，這樣子才不會冒太大的風險，馬上開店馬上倒店。

先與忍，結合是非判斷與班級經營的處世哲學

■ **課例示範**　無相關課例

■ **預計成效**　從「先」與「忍」兩大觀念來決定自己的形式策略，用更有智慧的心態去因應各種人事物。

■ **社會人文**

國際	地理	歷史	心理	經濟	政治	法律	文學
			✓				

■ **學習型態**

參觀訪問	蒐集資料	筆記整理	欣賞體驗	討論報告	實作練習	調查分析	省思寫作
		✓	✓	✓	✓		

■ **核心素養**

A 自主行動			B 溝通互動			C 社會參與		
A1 與身心素質自我精進	A2 系統思考與解決問題	A3 規劃執行與創新應變	B1 符號運用與溝通表達	B2 科技資訊與媒體素養	B3 藝術涵養與美感素養	C1 道德實踐與公民意識	C2 人際關係與團隊合作	C3 多元文化與國際理解
✓			✓			✓	✓	

✪ 溫老師怎麼想

開學第一門課，如何重建班級常規，幫助學生步入學習軌道？

你以為建立班級常規，就只能用白紙黑字的「規定」來壓制學生？

談「先」和「忍」，思索人生處世大方向，兼顧班級經營，甚至讓孩子受用一生！

開學第一天，剛收假的孩子玩心仍未盡，必須重新適應班級常規。我認為，與其「明列一串規則」要孩子遵守，不如將人生道理內化到他們的行事習慣與思維。也就是說，老師不必逐條叮嚀學生哪些舉動可行、哪些不可為，只需點出「大方向」，提醒孩子偵測自己行為的好壞，自行思考做出這些舉動的後果。而我為四己孩子選擇的「大方向」就是「先」與「忍」。

既是成功學，也是最具人性的「收心」良方

台大教授呂世浩在《秦始皇：穿越現實與歷史的思辨之旅》一書中，透過分析秦始皇的行為決策，歸納出成功的兩大行事法則：「先」與「忍」。

先，指洞察先機，行動領先眾人一步；忍則代表忍受苦難，靜待良機。然而，若任何情境都一律以「先」或「忍」來因應，這是否正確呢？

何時該先？何時該忍？這需靠智慧去觀察、判斷當下狀況，才能在對的時間做對的事。以小學生放假跟收假為例，在假期的時候當然要把握良機盡情玩樂（先），開學過後就該趕快調整心態，將心思與生活步調拉回校園生活應有的路線與節奏（忍）。

藉由這次開學的第一門課，我期望孩子練習掌握「先」與「忍」的精

髓，並應用到日常生活與人生處世。如此，我們不僅現在無須擔心孩子在課堂上或校園裡的行為，這份素養也將伴隨他們終生，讓他們在每次的人生轉折都能做出對的抉擇！

溫老師怎麼做？

這次探討的是兩個很抽象的概念，所以我拆成兩個階段：先讓學生熟悉第一個概念並有了具體實踐，再來探討第二個。在此先介紹我如何引導孩子逐步進入「先」與「忍」的哲思領域，並將之內化為行事準則。

一、判斷「先」的時機

素養 身心素質與自我精進：判斷何時該採取怎樣的行動

任務 分析歷史名人 / 成功人士

衝衝衝，輸人不輸陣！台灣人向來有著「先」的優良精神。不過，凡事衝第一就對了嗎？為讓孩子能輕鬆理解「先」的行為，我將之簡化成「好的先」與「不好的先」，並就此帶他們進行思辨與實踐。

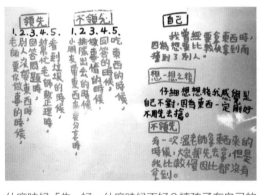

什麼時候「先」好，什麼時候不好？請孩子在自己的小白板寫下回答。

Step 1 透過問答，引領孩子探討「先」的概念

「在任何情況做任何事，『先』都是對的！」是這樣嗎？經過詢問，全班都不同意這論調。於是我進一步提問：「那什麼時候『先』好？什麼時候『先』不好？」請他們各別用自己的小白板回答。

先讓孩子在小白板寫下自己想法，再讓進行小組討論，統整併加深彼此的想法。

我並及時補充說明遊戲規則：除了寫下自己的看法，也可以提出自己或他人，包含歷史人物的案例。

孩子靜心思索這個從未想過的問題。等他們在小白板寫下自己想法，我再讓他們進行小組討論，統整彼此的想法。在統整全班想法的時候，意外發現孩子對這個議題的認知程度已有了一定基礎，也明白「事事衝第一也要顧慮後果」的道理！

全班對於「好的先」與「不好的先」各有哪些行為，意見大致歸納如下——

好的先：寫作業、發表、幫助別人、上廁所（生理需求不能拖）、比賽、撿垃圾、逃命（地震等災難）。

不好的先：插隊、打架、搶購、生氣、吃糖、搶風頭、玩（不寫功課）、做壞事。

這步驟引導孩子建構「好的先」之定義：藉由觀察、分辨情勢，在該

幫忙的時候能洞燭先機並立即起身協助。此舉能讓他們習慣用心判斷自己的行為，在做每件事之前先停下來，觀察、分析當下應要採取什麼行動會較好。

Step 2 老師提點、放大孩子「好的先」之行爲

為讓學生印證先前得到的概念，接下來一整天我隨時提點並放大他們符合「好的先」的行為，同時也不斷要求孩子觀察、思考「何時『先』是好的」。

分組討論過後，就是每一組上台的小組報告時間了。

對於有做到「好的先」的孩子，我大力推崇，讓全班都知道。

1 上課途中突然要用到小白板，一名孩子主動幫智琪老師分發白板給每個孩子。他知道儘管是上課時間，但這件事卻是要緊的（全班馬上就要用到白板），而且智琪老師也需要幫手。所以，這個孩子懂得在對的時間做出「好的先」。

2 當上台報告時，某個小組的一名孩子把貼在黑板邊緣的小白板移至中央，好讓全班都看得清楚，報告者也能站在講台中央發表。這名孩子能靈機應變，當下快速做出恰當行動，幫助組員報告得更精采，澈底符合「好的先」的精神！

老師大力發掘真實案例，不僅鼓勵那些被看見亮點的孩子，也讓全班更具體明白「好的先」的概念，以便將來可以見賢思齊。

二、探討「忍」的眞諦

身心素質與自我精進：
判斷行動原則

思考並討論好與不好的
「忍」

延續上堂課針對「先」的討論，今日進入「忍」的思考領域。這次在介紹抽象概念之前，我先以歷史故事勾引學生的興趣。

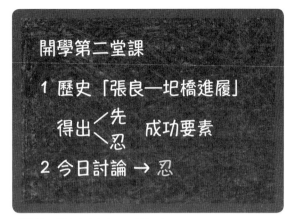

開學第二堂課探討「忍」的概念。

Step 1 說故事，「圯上納履」裡的「先」與「忍」

這次引用「圯上納履」的故事。西漢開國良相張良在年少還未功成名就時，遇見了一位老人（黃石公）。後者不僅故意把鞋丟到橋下，要年輕氣盛的張良幫他撿起，還叫張良跪著為他穿上。張良看出這老人非等閒之輩，因此儘管氣惱還是一一照做。這代表「忍」的精神。而老人與張良相約五日後見面，張良每次都提前赴約，老人卻總是比他早到，而且每一次都會臭罵張良一頓。最後，張良決定前一晚就去等，果然老人還沒抵達。這次他奪得先機。由此領悟了「先」的道理。再加上前兩次「忍」的經驗，張良終於從老人那裡拿到《太公兵法》。

孩子聽到這裡，莫不瞠目結舌！這則充滿驚奇的故事，道破了「先」與「忍」的意涵。學生聽的津津有味，我也引導他們從這則故事反推自己的人生處世準則。

為什麼要忍？為什麼不要忍？當孩子開始去思考，判斷能力也逐漸浮現而出。

我告訴孩子，若「先」是啟動器，那麼「忍」就是剎車器。「何時該忍？何時不能忍？」我透過提問一步步引導。他們隱約發覺這項事實：其實我們每天都在決定要不要「先」（前進）還是「忍」（停下）。

請孩子把這些個人經驗用小白板寫下來，最後由我在黑板統整全班的經驗或想法。他們寫下的內容可以簡括如下：

1 好的忍：「遇到困難時忍耐，能讓自己成功」、「忍住不犯法，才不會被關」、「忍耐不去玩，先做好作業」。

2 不好的忍：「生理上（尿尿或生病等）」、「被霸凌或欺負時」、「遇上不公不義的事」。

Step 3 實踐，「忍」住下課十分鐘的誘惑

課程進行至此，已到了下課時間。平常我很少不讓學生下課，但由於當天下午沒有時段可繼續這次教學，於是我對學生說；「若你們想下課，就要把握『先』這件事，在上課時專心、有效率的思考，這才能及時完成任務。如果沒辦法做好『先』，導致工作拖到下課還沒寫完，當然就只能『忍』，把自己該做的事做完囉。」那幾位原先因為下課鐘響而變得心浮氣躁的孩子，一聽我這麼說，就立即沉住氣、繼續寫小白板，馬上身體力行「忍」的功夫了。

師生約定，養成「先」和「忍」的好思維

經過上述兩階段的教學，孩子很快就發現「先」和「忍」其實是一體兩面。「要做任何判斷都需要智慧，所以，張良不是個普通的莽夫，才能夠在關鍵時刻做出影響日後發展的決定。」

那麼，我們平常該如何讓自己變得有智慧呢？四己師生約定，這學期的目標就是養成這個好習慣：無時不刻決定現在到底是要「先」還是要「忍」；而且，每次做決定之前都要多想一步。

☽ 溫老師的省思

這兩次上課，都從班級經營的角度切入「先」與「忍」的概念。特別是「忍」，它與班級經營的概念更為緊密。我對這次的教學結論如下。

「忍」是最上位的班級經營理念

每個孩子都有「希望自己更好」的本能，也希望自己不平凡。因此，人生的「大方向」能引領他們做出良善、有利於整體班級秩序和風氣的行為。

以大方向取代瑣碎的一條條班規，老師不再需隨時盯緊孩子並適時耳提面命：「現在該做什麼、不該做什麼」，而是讓孩子學會從大方向判斷自己的行事是否恰當。

如果孩子踰矩了，老師只需提醒對方：「你認為現在做的這件事有符合『好的先』原則嗎？」他們便知道要留心自己的行為。

減少了對瑣碎小事的說教，便是我認為「從最上位出發」的班級經營策略。

讓孩子當自己人生的駕駛

若以開車打比方，對我來說，與其幫孩子掌控方向盤、帶他們遠離危險情境，還不如給他們啟動器和剎車，讓他們學會獨自面對各種狀況的能力：自己掌握並決定要何時啟動、何時停止。雖然要孩子「自己決定」好像有風險，你可能會說：「外面的世界很危險，所以我要帶著孩子避免危險的發生。」但若大人都幫孩子決定好是非對錯，他們未來如何獨自應對各種狀況？

所以，我們要做的就是教孩子「大原則」，讓他們學會自我評斷什麼是對、什麼是錯（當然也要與他們討論後果）。就像自己當駕駛，決定何時該行進、何時該停止。也許，在過程中會摔個一兩次，但這是摸索「大原則」意義的必經旅途；若沒有經歷這個過程，孩子就永遠無法擺脫依賴，遑論獨立自主了。

神奇的是，經過這天的教學，我再也不用成天責罵、說教了。只要提醒孩子做好『先』這件事，他們就會變得更加謹慎、不再衝動草率或盲目跟風，完全不須白紙黑字的列出長串「班規」。

老師輕鬆，孩子神經不緊繃，這豈不是「摸蛤蠣兼洗褲」的好策略嗎？

升級：長假任務，
態度能力值大爆發

另類寒假作業：「先」與「忍」的回顧省思

■ **課例示範**	康軒版四下《國語》第二課〈心動不如行動〉
■ **預計成效**	活用「先」與「忍」的概念，完成「寒假小說創作心得」，除了熟練那些讓故事變精采的手法，無形中也為自己的努力給予正向鼓勵。

■ **社會人文**

國際	地理	歷史	心理	經濟	政治	法律	文學
			✔				✔

■ **學習型態**

參觀訪問	蒐集資料	筆記整理	欣賞體驗	討論報告	實作練習	調查分析	省思寫作
					✔		✔

■ **核心素養**

A 自主行動			B 溝通互動			C 社會參與		
A1 身心素質與自我精進	A2 系統思考與解決問題	A3 規劃執行與創新應變	B1 符號運用與溝通表達	B2 科技資訊與媒體素養	B3 藝術涵養與美感素養	C1 道德實踐與公民意識	C2 人際關係與團隊合作	C3 多元文化與國際理解
✔			✔			✔		

✪ 溫老師怎麼想

寒假作業怎麼寫？

心得該如何寫才不會淪為乏味的流水帳？

我的建議是——讓課文來幫你吧！

另類的寒假作業與開學省思寫作

四下國語課本有篇〈心動不如行動〉，標題充滿了「擺脫空想，趕快行動」的智慧，恰可呼應先前提過大家約好要在這學期培養出「先」與「忍」的目標。所以，我這次指派給孩子在寒假創作長篇小說作業的回顧，就從這篇課文出發。

其實，〈心動不如行動〉就是大家耳熟能詳的「窮和尚與富和尚」。故事講述一位窮和尚，他在富和尚的唱衰下，仍堅持自我信念，決定去南海取經。這展現了「先」概念。他在取經路程中找不到食物、歷經了冰天雪地等辛苦與困境，若不靠意志力「忍」下來，絕不可能達成目標——這過程頗似「創作長篇小說」的情境。因此，我決定讓孩子模仿「窮和尚與富和尚」的情節，以充滿想像力的虛構手法來記錄自己首次創作小說的過程，在開學後寫成一篇回顧心得。

這次的作業，不僅對這篇課文進行「閱讀理解」的練習，還進而「仿作」！從中可讓孩子再次領略「先」與「忍」的奧義，甚至還能藉由充滿創意的省思寫作，讓自己成為「先」與「忍」的代言人！

既能趁機讀透課文，又能肯定自身努力，孩子也因為必須花時間與心力來創作小說，也就不可能荒廢寶貴光陰了。這樣一魚多吃的學習任務，可真是好處多多！

🌀 溫老師怎麼做？

我想，應該沒有小四學生寫小說的吧？這次我要求四己的孩子寫小說，也算是一種「先」的概念展現。他們為了寫這篇小說，忍受想去玩樂、熬過沒有靈感的艱辛時刻，這則是「忍」的實踐。

那麼，這項的「史無前例」「堅苦卓絕」的任務，該如何讓小四生能夠順暢達成？請參考以下教學步驟。

一、上學期末：我的寒假故事計畫表

素養 系統思考與解決問題：寫小說，練習「先」與「忍」

任務 完成一份創作長篇小說的計畫表

在孩子放寒假、正式動筆之前，我先在課堂請他們操練這些暖身活動。

Step 1 活絡思路：拓展自己對作品的想像

首先，我從類型小說的角度出發，透過提問的方式，啟發他們對這項寫作計畫的想像。「你的故事是屬於哪種類型呢？魔法、寫實、童話、科幻、推理，還是校園故事？」

接下來，在營造故事氛圍與塑造角色的部分，我給了這樣的提示：「是要表現緊張不安的戲劇性情節？還是充滿溫馨的甜美調性或呈現孤單與悲傷？你可以參考五卡板裡面的情緒卡跟性格卡來創造人物。」

最後是最重要的一點：你希望故事傳達什麼樣的主題？為了增加故事情節的可觀性，我統一要求全班都要來在故事裡來點反襯的人物或來個結局大逆轉的情節。

「比如，你想說的主題是『友情很重要』，那就請你設定主角原本是個『不相信友情珍貴』的人。」

Step 2 **動手規劃：用表格打造故事的架構**

解說完上述概念，接下來發給每人一張學習單，請孩子利用裡面的表格，一欄欄的為自己要動筆的小說逐一設定故事情節與人物角色。

當學生填寫這份表格時，我在旁邊觀察他們的填答狀況，並隨時適度給予類似下列的提示、解說。

● 主題設定＋主角出場＋背景營造

這重點也就是：千萬不要直接說出你想表達的主題！

你必須透過角色的行動與對話來帶出主題，但這樣的寫法還得讓讀者能感受得到。比如，你先前想好的主題是「友情的重要」，那麼，主角就應該要從情節發展的過程中，透過各種衝突來改變自己，營造出主角慢慢發現這個道理的情節。

● 當主角遇到問題（衝突）

簡單的說，就是：這個時間點必須要發生某些麻煩事件，逼迫主角離開出原本舒服的生活，面對外界的嚴苛挑戰。

● 想要讓劇情高潮迭起，你就必須設定高潮點！

所謂的高潮點，也就是主角「開始冒險 ➜ 突破轉折」的那段情節。

當然囉，面對麻煩事件，主角可能會在第一時間選擇逃避。有那些行為吻合逃避心態呢？請參

透過學習單的表格，孩子逐欄寫出故事架構與人物設定。

考「行動卡」。這時可能會再出現更多麻煩的事，逼主角不得不接受挑戰。最後，主角下定決心，正式開始冒險，決定自己一定要改變什麼。

二、下學期開學：來篇另類的省思回顧

素養 身心素質與自我精進：透過寫小說提升自我

任務 仿「窮和尚與富和尚」，寫一篇自己創作小說的歷程回顧

這次寒假作業我指派孩子寫長篇小說，最初目的原是希望他們不虛度這個假期。沒想到，開學後孩子交上來的作品居然讓人驚艷不已。從中可看出很多孩子都身體力行，妥善利用長假進行持之以恆的創作。這些作品大部分都寫滿 6000 字，還有兩名孩子的小說篇幅超過一萬字呢！

過完寒假，班上孩子也完成了自己的小說。你是不是也很訝異他們創造力爆棚呢？

看到這樣的成果，我靈機一動，立即追加新任務：請他們再次模仿「窮和尚與富和尚」的故事，為自己「在寒假寫小說」這件事寫一篇回顧歷程的省思文章。同時要求他們發揮想像力，就像寫小說一樣的在文內穿插各種虛構情節，呈現自己在創作過程中有關「先」與「忍」的表現。

Step 1 讀課文，探究窮和尚「先」與「忍」的表現

首先，我在課堂上帶領孩子深究「窮和尚與富和尚」的故事情節，並討論當中窮和尚展現了哪些代表「先」及「忍」的行為：他忍受旅途的艱難，也在富和尚看衰的情況下仍堅持自己，這兩種表現都是「忍」；至於「先」的方面，則是指他毫不遲疑，放膽嘗試的決心。

Step 2 解析情節，為自己的回顧省思套上「名著模式」

接著，我請孩子從窮和尚的角度來思考，試著找出自己創作寒假小說的經歷與窮和尚取經故事的連結。我從下述三個重點切入：

1 分析文本，找出各個段落的重點

以學習單的形式，解構故事中「先」與「忍」相關的關鍵內容，讓孩子知道故事的每一段是在傳達哪個概念。例如課文第三段富和尚搖搖頭說：「從四川到南海，這麼遙遠的路途，既要租船又要準備大量物品。我一直覺得自己準備得還不夠，你什麼都沒準備，怎麼去呢？」

此段可分析出手法為「對方提出許多阻礙」，讓孩子了解情節的推動方向，接下來把主題抽換為「創作寒假長篇小說」後，就更容易仿作並轉化內容。

2 連結到寒假的小說創作：設定假想敵

孩子在創作小說時，不一定會設定像「富和尚」那樣挖苦、嘲笑的角色，但為了增加戲劇張力，我請孩子自己創造一位「假想敵」，還要設定對方是一位很會寫作文的人，他認定「小四創造小說」是天方夜譚，以看笑話的心態看待主角。但最後卻得到與富和尚相似的結果——感到驚訝、慚愧。

3 適當引用故事名言，有效提升文章深度

故事中窮和尚的這句話道盡故事主旨：「一件有意義的事，想做就要立刻行動，想得太多，有時反而會阻礙自己的腳步，什麼事就都辦不成了。」我請孩子把這句話引用至自己的仿作，就當作是主角對「假想敵」說的話，為文章鋪陳出更深刻的道理。

當這三要素一融入文章，孩子便自然而然產生另類又深度的「小說創作心得」了！他們不僅越寫越有成就感，還不知不覺反覆看了好幾次課文，直到滾瓜爛熟為止。

| 原文 | 分析 → | 手法 | 分析 → | 孩子創作 |

課文內容 （窮和尚與富和尚）	寫作重點	自己的寫作摘要 （我的寒假小說寫作）
從前，出家人最大的願望，就是能夠到南海去拜佛、取經。後來，有兩個和尚，一個比較富有，一個比較窮困，兩人對這件事一直念念不忘。	背景： 1. **艱困任務**介紹 2. 介紹自己和**取笑你的人**	這次的寒假，老師想要我們每人發揮自己的創意，讓我們能夠擁有**自己創作的長篇故事**。
有一天，窮和尚來拜訪富和尚，說：「我想到南海去拜佛，您要不要同行呢？」	**告知對方**想要挑戰。	有一天我告訴了**一個很會寫作的朋友**，沒想到他回答我說：「哪有可能！我從來沒有看過一個國小四年級的學生可以在一個寒假中打六千字。如果可以的話，那就見鬼了！」我說說：「**雖然這很困難，但是我想試試，搞不好會成功。**」
富和尚搖搖頭說：「從四川到南海，這麼遙遠的路途，既要租船又要準備大量物品。我一直覺得自己準備得還不夠，你什麼都沒準備，怎麼去呢？」	對方提出許多**阻礙**。	朋友沉思了一會兒說：「如果打六千字有你想像的那麼簡單，我早就可以打五萬字了。**你以為只要寫流水帳嗎？裡面也要有背景、想像……不是那麼簡單的！**」

📖 智琪老師的觀察

當我看到溫老師聰明的把「窮和尚」的故事套用在寒假小說的創作時，心想：「天呀！兩者怎麼那麼湊巧，好契合呀！」孩子似乎也有相同感覺，他們從故事、從自己的經歷，發現「先」與「忍」就取決於你做某件事時一念之間的態度與行動。

用故事開啟孩子對「先與忍」的人生經驗

寒假創作小說的過程，可說是他們最輝煌的一次經驗了。而當他們為故事設定假想敵時，更增加了「忍」的重要性（若不能忍，可能馬上就被對方說服，覺得自己也做不到而放棄）。有了一次先例，孩子變得更有信心，相信自己還能做出新的「先」與「忍」的壯舉！

仿作＋自由發想＋最特別的心得回顧

參考窮和尚富和尚的「仿作心得」，與直接要孩子寫「寒假創作小說心得」相比，有三項特殊之處，詳述如下：

1 仿作：以〈心動不如行動〉課文為藍本，因為手法架構都安排好，杜絕了孩子寫「流水帳」的可能。

2 自由發想：不限定主角一定要寫「我」，給予更寬闊的創作空間。有孩子還以大雄為主角，或自己想像一個城市，增加了劇情的吸引力。

3 最特別的心得回顧：雖說是自由發想，但孩子仍是在寫自己。他們用更幽默的方式寫心得——尤其自己能趁此機會設定一個不斷挖苦主角的「假想敵」，這點子他們愛得要命！回想自己「忍住不放棄」的方法及辛苦之處，以及最後寫完的成果……用特別的角度去回顧、總結這次寒假創作的甘苦過程。

溫老師告訴孩子：「讀者如果不知道你們有模仿〈心動不如行動〉這篇課文，一定會震驚於這篇心得如此特別，還引用了很有深度的句子。這可是最獨一無二的心得創作呀！」我想，孩子聽到這裡，怎能不為自己感到驕傲呢！尤其是在寒假越認真投入寫小說的孩子，越有成就感呀！

一兼二顧的教學，成果讓人驚豔

隔天上課，我驚訝於全班學生對課文的理解已到了「倒背如流」的境界，他們對老師的提問「有求必應」，對課文的細節也「瞭如指掌」。此次教學活動不僅增長孩子的成就感，具體明白「先」與「忍」的行事準則，還讓他們讀懂了課文！

簡單又有趣的仿作，為過去的「寒假挑戰任務」劃下完美句點，也為新學期創造出新希望。相信透過這樣的學習經驗，關於「先」與「忍」的意義就從此深植孩子的心中！

學生作文

「先與忍」的寒假作業省思精華版

註：以下短文摘自學生的寒假作業。

作品1 融入卡通趣味

有一天，胖虎和小夫想要找大雄一起去打棒球，可是大雄必須完成自己想寫的一萬字小說，因此他說：「抱歉，我正挑戰自己手寫一萬字，所以沒有時間。」小夫說：「挑戰一萬個字有什麼

好玩的？」胖虎說：「就是說呀！整天坐在家裡寫東西，你不累，我聽了都累了！」

大雄還想邀請兩人一起和他挑戰：「你們想不想跟我一起試試寫一萬字呢？」小夫說：「如果寫一萬字那麼簡單，我早就寫完了！」這時大雄回答：「一件有意義的事，想做就要立刻行動，想得太多，有時反而阻礙自己的腳步，什麼事都無法完成！」但小夫和胖虎還是搖搖頭走了。

作品2 深刻描述衝突

這時，寶特說話了，她說：「你知道寒假有多短嗎？扣掉過年，你只剩下兩個星期，你哪來的時間呢？」愛妮說：「就是因為困難，才要挑戰呀！」寶特說：「就算時間夠，你也會被誘惑，到了寒假，本來就要玩，待在家裡多無聊？還會被別人笑『書呆子』，哈哈哈『書呆子』就是在說你！不自量力、白費功夫、小孩妄想坐大車！」

愛妮聽了沒有生氣，冷靜地說：「我相信只要有心，一定做得到，我當然也想玩，但是要學會節制，同時，我也會做表格，規定自己每天該有的進度，適時提醒自己，不知不覺也會寫很多，這時再去玩也不遲呀！」寶特不以為意的說：「那我等著看你笑話！」

一回到家，愛妮就做了規劃表，開始創作，剛寫完第一章，愛妮就沒有靈感了，但她堅持不懈，總是一而再、再而三的告訴自己：「我做得到，我要完成了！」每當她告訴自己這句話時，就會重新振作起來，繼續勇往直前。因為這樣，所以她順利突破了圖畫、打字種種的困難。

寒假結束了，愛妮排版完成，順利完成小說，她把這本小說送給寶特，寶特慚愧的說：「對不起，我不應該嘲笑你，謝謝你寬宏大量的原諒我，還不計較的送我小說，可以讓我再做你的朋友嗎？」愛妮說：「好哇！最後，我要告訴你一段話，一件有意義的事，想做就要立刻行動，想得太多，有時反而阻礙自己的腳步，什麼事都辦不成了！」寶特說：「謝謝你！我會把你說的話銘記在心中，時時提醒自己的！」

4-2

每日活動評比員，讓暑假變得好有意義

課例示範　無相關課例

預計成效　藉由省思自己的每日活動，觀察並評比他人行動，讓孩子的暑假生活不再渾渾噩噩。偵測自身的時間管理，也更能理解他人的處境。

社會人文

國際	地理	歷史	心理	經濟	政治	法律	文學
			✓				

學習型態

參觀訪問	蒐集資料	筆記整理	欣賞體驗	討論報告	實作練習	調查分析	省思寫作
		✓			✓	✓	✓

核心素養

A 自主行動			B 溝通互動			C 社會參與		
A1 身心素質與自我精進	A2 系統思考與解決問題	A3 規劃執行與創新應變	B1 符號運用與溝通表達	B2 科技資訊與媒體素養	B3 藝術涵養與美感素養	C1 道德實踐與公民意識	C2 人際關係與團隊合作	C3 多元文化與國際理解
✓			✓			✓		

✪ 溫老師怎麼想

「怎不過來餐桌吃飯？你今天已經連續打一整個下午的電動了！」兒子廢寢忘食的沉溺在遊戲世界。不僅今早如此，昨日、前天也是如此。

「看看看，還不關掉電視去睡覺？」夜深了，家長對沉溺在韓劇的女兒下最後通牒。自從放了假，孩子就日日夜夜追劇，觀看各種夢幻的愛情故事。

一放長假，孩子立即變成懶蟲、電動宅男、追劇宅女。雖然他們沒有到外面撒野，但是，窩在家裡的這些行為卻都無益於成長，還會導致作息失序等問題。家長很頭痛，老師也無奈。

長假＝親子關係的熱戰時期

家扶基金會 2014 年「長假期間國中小親職壓力」調查報告顯示，台灣近八成家長認為自己在長假期間負荷增加。為什麼會有這樣的調查結果？原來，平時因為有學校系統與導師分攤了家長管理、照顧孩子的工作，一遇放假，這些責任就驟然回歸到父母身上。尤其是那些沒上暑期輔導、沒參加安親班或補習班的孩子，他們在假期裡跟父母面對面的機會大幅增加，親子關係因而變得緊張！

讓我們從孩子的角度來看待長假這件事吧。暑假對小學生來說，代表「上學」這項制約被解除了，因此，對學習的投入與規律的生活作息也可以自動跟著消失。如果此時師長沒安排一些學習活動，孩子通常就會自動懈怠下來，不是整天看電視節目，就是沉溺在虛擬的遊戲世界。當家長看到孩子終日無所事事，又拿不出一些像會考或學測之類的名目來約束他們，最後就出現衝突。

活動＝讓假期變充實的萬靈丹？

為讓孩子有個「充實」的長假，家長可以適度安排補習或夏令營等課外活動，同時還能和緩已經變得緊繃的親子關係。這些活動不僅讓孩子能延續原本在學校裡的學習，他們還可趁機體驗一些在平日無法進行的課程。

但是，課外活動並非萬能丹！我們必須思考：用上述的活動填滿孩子的日程表，就意味這個假期過的很充實嗎？若家長礙於經濟壓力，只能讓孩子在家中度過漫漫長假，孩子的競爭力就會因此落後一截嗎？

我認為，課外活動貴不在「多」，而在於「精」及「有意識的投入」。即使你沒有跟著校外單位安排孩子的暑期活動，依舊也能培養他們對事情澈底投入的毅力及專注度。這該怎麼辦到？本章就來揭櫫這項奧祕！

溫老師怎麼做？

在台灣，一個學期頂多只有四個半月，長達兩個月的暑假幾乎就等同於半個學期。在漫漫長假裡，你的孩子有意識到他自己做了些什麼嗎？還是說，他整日無所事事，任由寶貴光陰白白流失？

家長該如何讓孩子每天偵測自己的生活作息、活動，在生活即將「脫軌」之前能及時提醒自己「該回神啦」？也許，你會想到這個行之多年的老辦法：寫日記。但容我提醒這個事實：要孩子在漫長的暑假天天寫日記，他們的耐心也會隨著長假消磨殆盡；不但會只想要應付了事，甚至還會用「擺爛」的態度來消極反抗。這時，老師該怎麼辦？

一、我的每日活動評比

素養 身心素質與自我精進：培養時間管理的能力

任務 每天填寫「每日活動評比」表格

「咦？我都做了什麼？」參加活動若抱著沾醬油、湊熱鬧的態度，很難在心中留下半點痕跡，遑論學到了什麼。反之，就算是在自家的日常生活，若能認真對待的話，也可以成為學習的好時機。

以下是我設計的「活動評比表」，讓孩子透過填寫的過程，培養出客觀又機敏的心眼，發覺自己做的事偏向哪類？當中代表的樂趣與成長的關係又是如何？例如：玩遊戲的樂趣十足，卻可能缺乏成長性；寫作的樂趣雖不能與遊戲相比，卻能高度滿足情緒、性格與成長性這三項的需求。

Step 1 每日 15 分鐘：「我的每日活動評比」

每天總有幾件事會占用較長的時間去完成。「只要挑出其中三件事，省思自己的投入情形即可！」這份「每日活動評比」表格，內容包含了這三類活動：

1 具體活動：活動項目／內容。

2 投入狀況：專注程度／做時的情緒／代表自己的性格。

3 活動評論：樂趣性／成長性評分。

藉由此過程，孩子將發現：像是看電視這類樂趣性很高的活動，成長性不一定高；而寫作業、上英文課則恰恰相反，這些活動幾乎沒什麼樂趣，但成長性卻相當高。原來，那些需要花心思、腦筋，看似無聊的活動，往往最具有學習價值。嗯，想要有所進步，就必須先吃點苦！

「每日活動評比」bonus 大公開

　　試想，要求孩子在放暑假的時候每天寫個兩三百字、圖文並茂的日記，這項寫作活動若持之以恆，反而容易流於形式。因為，孩子可能會不知道該記些什麼，於是在執行任務時就變得拖拖拉拉、敷衍了事；甚至，到暑假即將結束之際才卯起來亂寫應付……為了預防這種弊端，我們所謂的「日記」就得換個形式！

1　精煉化的日記，取代繁瑣的例行公事

　　評比表這種簡化過的表格，可以取代數百字篇幅的日記。如此一來，孩子只需每天花個 15 分鐘就能完成任務。這不僅大幅減輕他們的心理壓力，每天的省思紀錄也能變得更簡潔有力、方向更明確！

　　請孩子逐日在這張表格內填入當天做了哪些活動。我跟孩子舉例說明以激發他們的判斷能力：「比如，跟家人出去上餐館就算是一項活動。參加夏令營、安親班、才藝班、跟團旅行也是活動。你自己在家裡的個人活動，不管是看電視、打電動、閱讀、畫畫、寫作業、做家事也都可以寫進來。」

2　有意識的參與，成為時間管理的基礎

　　爸媽只需在評比過後的幾天內，與孩子一起討論他安排的活動類型與投入程度。

　　此時你會發現：當你把「評比」的棒子交給孩子之後，自己竟然從此就不需再時時叨絮了。因為，孩子早已透過這張評比表明白自己應該遵守哪些事，他也能藉此覺察自己的時間安排是否合理，因而變得更能「活在當下」，觀照自己的感受與領悟。最重要的是，他還能透過這張表格看見「吃苦」之後的成效。

我的活動評比表

日期	活動名稱	我的投入過程（活動事項／時間／專注程度）	情緒	性格	樂趣（1～10分）	成長性（1～10分）
	看電視	坐著看劇情／2 小時／非常專注	快樂	懶散	6	3
	寫作文	書桌前安靜的動腦又動手／1 小時／有時發呆，有時回神	痛苦	堅持勤奮	4	8

註：情緒／性格，請參考「溫老師五卡板」

想要透明化自己暑假的每一天？希望孩子能誠實面對自己的時間安排並快速有效率的記下省思？「我的每日活動評比」表格，絕對值得讓你的孩子嘗試！

二、我是「超級評比員」：我要幫從業人員打分數

素養　身心素質與自我精進：培養細微觀察力

任務　填寫「角色轉換」遊戲分析表

接下來，請爸媽陪孩子一起投入這場「角色轉換」的遊戲吧！不論是帶孩子自助旅行、跟團旅行，還是參加夏令營或安親班，不同形式的活動都請你賦予一個名義，請他進行「考察」。

以跟團旅行為例，你可讓他們觀察旅行社的工作：「如果你是旅行社，你在安排行程的時候要注意些什麼？」也可以訪問導遊，「問問他如何跟客戶也就是遊客互動？如果在旅途中遇到問題了，要用什麼樣的態度應對？」

你在跟孩子旅行的過程，陪伴他一起觀察、簡單記錄，讓孩子得到一種「有任務在身」的使命感。在進行每一項活動的時候都能觀察主辦者的做法，這不僅能讓孩子專注的參與活動，也能讓他們感受每個行業的辛苦之處以及專業上的「眉角」，這可是探索職業的最佳時機！

想像一下，你的孩子拿著筆記本或 3C 裝置隨玩隨記、細心觀察的模樣。他們可以從過去的活動經驗裡汲取養分，甚至宣布他長大之後要自己設計活動……這樣的暑期體驗，難道不充實嗎？

日期	7／1	7／1～8／30	7／4～7／6
參與活動	去書局	去洗頭髮	日本之旅
我觀察的角色	書店老闆	美髮設計師兼美妝	旅行社導遊
角色相關細節 / 觀察到的一件事	我看到有人問老闆哪裡有英文評量，老闆問他要哪個版本。	設計師會先了解客人要的髮型，要先摸頭型，再給予建議，還要從客人膚色和平常穿著為她設計適合的髮型。	
角色相關細節 / 專業	1. 很了解哪種書擺放的位置。 2. 能與陌生人聊天。	1. 要有證照。 2. 要時時刻刻進修。 3. 要能接納客人的意見。	
角色相關細節 / 工作／服務態度	1. 主動了解客人需要什麼，協助挑書。 2. 面帶微笑。	1. 對待客人要有禮貌。 2. 和客人要打好關係。 3. 觀察顧客的表情，再決定下一步要怎麼做。	
角色相關細節 / 性格	主動、大方、熱情、積極	熱情、誠懇、專注	
對角色的觀點【觀點列表】	我**認為**書能賣出去是很困難的事，**因為**有些人不想花錢，就直接在書店裡看完。	我**喜歡**這行工作，**因為**幫別人設計髮型可以讓別人更美。但如果設計不好會打壞名聲，所以絕對不能馬虎。	

Step 2 科技運用：紀錄更即時！

在指派長假作業時，我們不妨善用三C設備與科技，讓孩子隨時隨地輕鬆記錄自己的活動。

現在的手機、平板都有語音功能，所以，我很推薦利用線上「google 文件」來記事。只要你的手持裝置能連上網路，打開「google 文件」，用唸的就可以快速記下腦中想法，大幅縮短將想法轉換成文字的過程。

另外，善用「google 雲端」也能讓寫作變得更輕鬆。雲端作業有個好處：由於文件會隨時的自動儲存，可避免丟失重要訊息。而且，即使換了電腦或手機，但只要登入 google 帳戶，都可以打開先前的檔案繼續編輯。

試想，放暑假了，家長很可能會安排旅遊。出門在外的時候，孩子也能在沒有紙筆的情況下，輕鬆的寫些文件。所以，我就利用這個特性，指派了寫小說的暑假作業，並請孩子善用科技，輕鬆的進行創作。

❶ 學生省思

1 這個表格一寫出來，可就不得了了，這可以讓我們提點自己，說：「啊～太貪玩了，該乖乖寫功課啦！」

2 溫老師用表格讓我們了解，很多事你只是懶得做，其實都做得到！

3 常常使人忘了自己做什麼的暑假，寫表格就可以過得很充實！

4 在評比的過程中，發現自己的「心虛」，因為暑假時光，是最愛偷懶的日子，所以自己的所作所為好像並無太多的「成長性」！

5 能清楚了解到自己暑假到底做了些什麼，並檢討生活行為，幫助自己更上一層樓！而且之後回頭一看真的會會心一笑，異常有趣、值得紀念！

6 養成了每天要記錄做了什麼，到了晚上我就會思考並整理一天中我做了什麼，甚至明天我想做什麼都會清楚的思考一番。這樣也會促進自己想看點書，因為回頭看自己好像都在做一些沒用的事。

7 記錄下來，才不會自己覺得過了就過了，而不把握當下。

家長與學生怎麼看待「每日活動評比」？

家長：印象中的暑假作業都是很大一本的那種，其實每天寫一些，一週就可以完成。不過孩子通常會拖到開學前才開始寫。這次「每日活動評比」的表格，我發現孩子自己也知道，追劇讓她很快樂，但成長性卻只有 1 分，她也知道看劇的自己性格是比較懶散的，我覺得讓她們有這樣的自覺，不是一直讓家長叨唸也不錯。

學生：做這件事花的時間其實不多，也一點都不難。只是每天需要回想一下，所以大概是 15 分鐘吧！這份省思讓我可以調整自己的活動，也可以提醒自己，別再這麼懶散了！

用行動載具「寫」小說，突破思考與寫作的關卡

課例示範 　翰林版五下《社會》第一、第三單元「台灣歷史（全）」

預計成效 　結合社會「台灣歷史」單元，試著撰寫歷史小說；並結合科技，更快速、即時的完成作品。

社會人文

國際	地理	歷史	心理	經濟	政治	法律	文字
	✓	✓					✓

學習型態

參觀訪問	蒐集資料	筆記整理	欣賞體驗	討論報告	實作練習	調查分析	省思寫作
✓	✓	✓	✓		✓		✓

核心素養

A 自主行動			B 溝通互動			C 社會參與		
A1 身心素質與自我精進	A2 系統思考與解決問題	A3 規劃執行與創新應變	B1 符號運用與溝通表達	B2 科技資訊與媒體素養	B3 藝術涵養與美感素養	C1 道德實踐與公民意識	C2 人際關係與團隊合作	C3 多元文化與國際理解
✓			✓	✓	✓			

✹ 溫老師怎麼想

　　科技發展，資訊如蕈狀雲般的戲劇性爆炸，我們只要有手機、平板或電腦在手，不出門就能知天下事。然而，這樣的超展開，是意味著低頭族當道、傳統學習模式崩解？還是說，它能帶來更積極的意義？比如，科技也能成為最即時的教學輔具，為孩子的「自主學習」開啟新天地……

行動學習，教知識，也教資訊應用能力！

　　2018 年，我帶的五戊有幸成為南大附小「行動學習計畫──城牆故事說不完」的實驗班級。這次，我們要協同語文、藝術、社會、科技的老師，以平板應用為主體，讓教學目標不僅著重於「知識」傳授，還延伸到可讓孩子受用一生的「資訊應用能力」！

　　這套跨領域的教學計畫，第一步就是讓學生熟悉行動載具的功能與便利。孩子藉此養成的「資訊應用能力」亦可延伸至未來，用以解決各種複雜問題。

　　不同領域的老師，在這項計畫的職責劃分約如下。

1　語文、社會：指導學生利用 google 文件「唸」長篇歷史故事。其中，故事創作屬於語文科的範圍；至於限定台灣歷史故事的背景，則為社會科的範疇。

2　藝術：舉辦古蹟踏查的戶外活動。不僅讓學生藉機認識台灣過去的文化與在地故事，也提供機會讓學生用平板拍攝圖像，並將拍攝到的素材轉以「雷射雕刻」的方式呈現，用來布置校園外的公共藝術圍牆。當學生在創作歷史故事時，也能將他們在踏查活動聽到的建築、歷史等背景知識融入故事中。

3　資訊：指導孩子操作 Book Creator 這個電子書軟體，將自己唸的長篇故事「電子化」，還能適時加入自己拍攝的照片資料。

此篇將著重在「語文、社會」的部分，說明我如何帶領孩子活用行動載具，有效率的完成長篇故事的創作！

溫老師怎麼做？

我喜歡指派學生寫小說當作業，希望能藉此培養他們的邏輯、創意以及語文表達的能力。然而，「寫小說」這三個字看來簡單，卻是「知易行難」的事！尤其對小學生來說，寫長篇故事很考驗毅力，往往沒多少人能咬牙撐到最後——問題癥結在哪？

過去，我們在思考時，都習慣將腦中想到的點子用紙筆記錄下來。然而，紙筆的「便利性」有限，尤其對寫字慢、甚至有許多字都不知該如何寫的孩子而言，當他在構思時，要求他同時動手寫，真是非常耗神。光是想出該選用哪個字、它的筆畫怎麼寫，孩子的腦袋就卡住了；然後，剛剛冒出來的靈感與創意也就趁隙溜走了。但如果不記錄下來，靈光一現的點子也很快就船過水無痕了。怎麼辦才好呢？

覺得長篇寫作很難？讓行動載具來幫你打通關吧！

素養 科技資訊與溝通表達：化身三Ｃ達人兼歷史小說家
任務 1. 學會操作多種行動科技；2. 用這些科技來幫忙寫出台灣歷史的小說

時代在進步，科技也在進步，我們也因為科技進步而有了新的媒介與新的表達形式。網路、語音轉換文字工具、雲端協作平台……這些因應網路時代而誕生的介面與功能，只要透過智慧型手機、平板電腦等行動載具就可輕鬆應用，不僅解決了孩子在創作長篇小說的一系列問題，這種更即時、迅速的紀錄形式也協助我們解放思考的枷鎖。

以下說明在寫作、創作故事或表述某個想法時，行動載具可發揮的三種實用功能：

1 手機、平板電腦的「語音功能」：能以口說的方式快速記下腦中想法，縮短了孩子從構思到轉換為文字的過程。

2 google 文件＋雲端功能：讓寫作這件事變成隨時隨地都可進行的動作。而且，文件還能隨時自動儲存在雲端。只要有 google 帳戶，即使換了電腦或手機，仍可以在雲端打開檔案、繼續編輯內容。

3 共用功能：透過雲端協作平台，老師也可以掌握學生的寫作進度。再也不用定期要求孩子繳交紙本檢查了，只要打開自己的電腦就可偵測學生的創作進度！學生自己在小組討論時，組員也能共用 google 文件，共同編輯或討論。

結合上述三個功能，孩子在創作長篇小說時終於可以「專心致志」了！他們只須先大略構思一下，對著手機或平板快速的唸出想法，事後再回頭去整理架構、潤飾文字，大幅減少手寫時花在手忙腳亂的時間。

真的沒唬你，我們班的孩子「唸」出了一篇篇充滿創意的長篇小說。

這種創作模式也能擺脫「時空限制」！只要手機或電腦在手，我們隨時隨地就可開啟雲端帳戶，一想到點子就能立即上網編輯。這次的寫作任務，我利用清明連假讓孩子完成一定的進度，之後就讓他們在學校裡自行利用午休、早自修的時間完成。其實，這些能被運用的時間都很瑣碎，但成效卻比過去用手寫或打字的方式快很多，孩子也覺得輕鬆多了！

Step 1 一魚多吃，將課本的史實改編成「我的小說故事」

在社會課教授台灣史的時候，我都會透過照片、電子書與影片來講述當中的諸多事件。我認為，如果老師只是口頭說明那些發生過的事物，學生便只會背背名詞、應付考試，無法對該段歷史產生共鳴。無法「感同身受」也就意味著他無法學到古人「解決問題」的策略，那麼，學歷史就無法帶來長期效益。豈不可惜？

我一直希望孩子能從歷史獲得實用智慧。所以，這次的行動學習計畫，就請孩子針對課本中提到的某段時代或某個事件，自行決定是否要結合藝文課戶外踏查所參觀的歷史景點，運用這些歷史資料來建構自己這部小說的背景。

當然，當孩子在創造故事的過程中，自然就會對這部分的學習有些反饋。比如，他們學會了換位思考，認真揣摩小說裡的角色在那個時代會遇到的困難。如此一來，長篇歷史小的創作，不僅提升了創造力，也順道溫習了課本提到的歷史知識，同時將這些知識轉化成思想的養分。

Step 2 怎麼創作歷史小說？三種值得參考的故事類型

在告知上述的寫作任務之後，我就舉出近幾年較知名的電影或小說當成範例，簡單的將它們分類，讓孩子認識在創作歷史故事時最常用到的

三種手法，提供他們在執行寫作任務時更明確的參考方向。

1「穿越」類

　　電影《羅馬浴場》主角是羅馬時代的澡堂建築師，他意外在泡澡時穿越到現代日本，認識了最新的澡堂文化。這種電影可以讓我們比較過去和現代的生活方式，同時也帶出羅馬時代的歷史背景。

平凡	主角原本有一個平靜的禮拜天。	獎賞	老阿嬤很慈祥,給他吃芭樂讓他很放心。
召喚	爸爸求他搭火車去宜蘭帶回兩傘。	苦難②	阿嬤昏倒了,他讓火車上的趕快救她。
拒絕	主角不想去	面對	主角拿出爸爸給的萬金油幫助阿嬤。
上路	在爸爸堅決的眼神之下,主角只好出發。	獎賞	阿嬤對他微笑道別給主角錢$。
苦難①	遇到了一個奇怪的老阿嬤.	經驗領悟	學會獨立解決別人的困難

學生分組討論、解析〈八歲，一個人去旅行〉課文裡故事發展的每一個階段以及它們各自代表的意義。

2「以過去歷史為背景」類

　　電影《賽德克‧巴萊》直接營造出過去的背景，講述在那個背景之下的真實故事。

3「以歷史或神話為基礎改編的奇幻」類

　　書籍《波西傑克森》，結合希臘神話元素，把「人神混血」的概念融合到現代，從主角的冒險過程，讀者可以認識希臘神話中的角色與怪物。

　　當然，我也提醒他們一些可能會遇到的創作陷阱：「像是《賽德克‧巴萊》的主角莫那‧魯道是真實的人物。你也可以用類似的時空背景創造一位虛擬人物，但情節就必須符合那個時空背景，例如，你選擇「長濱文化」當小說背景，因為這個文化的人還沒有進入定居、農耕的階段，你就不能設定主角是一位農夫。」

Step 3 故事該怎麼編？課堂引導學生該如何推展劇情

孩子聽完老師解析故事類型之後，心裡頭也許已有了想寫的主題，卻不知該如何下手。此時，老師有必要給予進一步提示。

1 分析故事階段

我參考許榮哲老師《小說課3：偷電影的故事賊》中的「故事階段」概念，並簡化成以下階段：

平凡（主角原本過著平靜的生活）➡ 召喚（一個事件，讓平靜的生活被打破）➡ 拒絕（主角抗拒，不想離開平靜的日子）➡ 上路（經過一番掙扎，還是上路了）➡ 苦難1➡ 獎賞1（暫時享樂）➡ 苦難2（重大困難導致主角受挫）➡ 面對（全力以赴）➡ 獎賞2 ➡ 經驗／領悟（主角重生）

2 小組討論

我以孩子剛在國語課上過的課文〈八歲，一個人去旅行〉為例，請他們分組討論，套用剛學到的故事階段的概念，自行試著去分辨這篇課文描述了那些階段，以及每個階段代表的意義。

Step 4 構思故事架構

此時孩子腦中已具備創作歷史故事的常見手法、故事階段的雛形，接下來就該擬定寫作計畫了。我用學習單引導孩子思考下面三個問題：

1 自己設定初步的故事方向。你的故事究竟是屬於「穿越」、「過去歷史背景」、「從歷史改編的奇幻」或是「其他」？

2 選定社會課本中的一個台灣歷史階段（例如：明鄭時期、日治時期抗日），也可結合藝文課參訪中台世界博物館、法華寺、碑林、大南門城時所獲得的知識，將之融入故事。

3 根據學習單表格內容，依故事階段簡單擬定寫作計畫。

「城牆故事說不完」計畫表❶　五戊　座號：　　姓名：						
概念	歷史史實	故事大綱				
		人	事	時	地	物
① 平凡 (主題設定+ 主角出場+ 背景營造)	荷西時期，鄭成功捕捉了一個荷蘭殺人事件的案子，而且被害主角上是同一個人，以鄭成功和夥伴們查出兇手和夥伴們	鄭成功、炸蝦	一個個人寂自嘆氣	荷西時期中期	皇宮	很多的信
② 召喚 (衝突出現)	過了不久，有一天鄭成功收到一封恐嚇信，上面寫著你敢再把你的城堡放別的地方救要你好看	鄭成功、炸蝦	收到恐嚇信	荷西時期中期	郵伯哥	一封信
③ 拒絕 (逃避召喚)	鄭成功第一天順佈佈心想著：反正我要收服兇手定免惠的想法彼，這使用細爆	鄭成功	用工倒	荷西時期末期	床上	？
④ 上路 (開始冒險)	過了好多年到了十九世紀中期鄭成功把由年代情勢投案件，再帶動夥伴們	炸蝦、山根毛	let's go破案	十九世紀早期	王位上	武器
⑤ 苦難1 (轉折突破)	炸蝦先帶著助手跑到了兇吻的地野君，找到了兇地吻，跟兇野吻的夥人一起去攻	炸蝦、三根毛、錢非男	打敗敵人①	十九世紀早期	空中爸的	？

范：P.的5、be

「城牆故事說不完」計畫表❷　五戊　座號：　　姓名：						
概念	歷史史實	故事大綱				
		人	事	時	地	物
⑥ 獎賞1 (風平浪靜+ 暫時快樂)	炸蝦帶著助手來完成任務之後，因為百科手書的好妹妹，所以決定一起對打一個程人集團	炸蝦、夥伴們	分享作戰計畫	十九世紀1874年	皇宮基地	武器
⑦ 苦難2 (重大災難+ 主角受挫)	休息了幾天炸蝦帶著這群人一起去找援兵，但次太多了1個因例以嫌我最野受傷	炸蝦、路伴、一群人	吃了苦頭	十九世紀1874年	西門古戰易	武器
⑧ 面對 (全力以赴+ 浴血奮戰)	因為炸蝦很傷心，所以決心想要打倒他們，最後他們有了堅的心，用以打敗他們	炸蝦、路伴、一炸蝦	勇敢奮戰	十九世紀1874年	西門古戰場	武器
⑨ 獎賞2 (挑戰成功)	炸蝦贏得勝利後把回台南把這個程奇到的密碼拼起來是520 #a bedroom 想起他吻	炸蝦、夥伴	勝利的滋味	十九世紀1875年	飯店	？
⑩ 體驗/領悟 (主角重生)	用偷敗了寶，拿到了寶藏裡的東西還挑到到了寶者，得到了稀有的回爭	炸蝦虎九人	驚奇的禮物	十九世紀1875年	飯店	禮物、美食照片

不會寫歷史小說嗎？照表填寫就能構築一個有頭有尾的故事，
訓練邏輯思考的同時還順便複習了社會科。

📖 智琪老師的觀察

　　網路、手機……常被指責是導致孩子無法專心學習的凶手。沒想到，這次的行動教學計畫，溫老師卻善用這些科技，讓它們成為幫孩子寫作、深化歷史科學習的絕佳助手！

1. 寫作高效率，連孩子自己都嚇一大跳

　　這樣的方式讓平常較沒耐心的孩子，變得更有動力去完成作業了。我

猜測這是因為「唸」故事的方式，讓原本聽起來很遙遠、困難的寫作目標變容易了。

比如，班上有位平常對作業較不上心的孩子，我讓他利用午休與課餘時間來「唸」自己創作的故事。沒想到，他竟能在約一個半小時的時間裡就唸出將近 4000 字的分量！我問他對自己的「產能」有何感想，他表示很驚訝，也覺得寫歷史小說原來並沒有想像中那麼困難。他過去之所以會逃避寫作，就是覺得「要一直寫字，很麻煩又很累呀！」但用唸的，「一下子就能寫到那麼多字！」好有效率也很有成就感。

此做法讓寫作更容易上手，字數也不是問題，每位孩子動輒就寫出五、六千字，還有人寫了超過一萬字呢！想想看，如果用紙筆創作，得一個字一個字慢慢的寫，怎有可能在短時間就採收到如此豐碩的成果呢？

縮短時間，又增加成果，自然就能增加孩子的創作動機，讓長篇故事創作不再是惡夢。

2. 有感，推動孩子探索歷史並加以創作

在題材的選擇方面，這次班上大部分孩子都選了社會課本中「霧社事件」為故事背景，我想這也是因為溫老師在課堂中播放相關紀錄片與電影《賽德克‧巴萊》片段的緣故，所以孩子對這段歷史較有感覺。

影片是能最具體的讓文字「畫面化」的好幫手，它能快速將訊息傳達給觀眾。所以，老師若能找一些忠實呈現某段歷史的影片，就能讓孩子用更全面的觀點去認識社會科的知識。同理，當孩子腦中有了畫面，就更容易將之改編（轉換）為自己創作的故事了。

我覺得，這個資訊爆炸的時代未必就是文學的墳墓。因為，我們在現代能隨手取得各式資源，若善用這項優勢，其實是創作上的福氣呢！

3. 善用三C低頭族→「效率自學技能」

我想，老師若能帶著孩子善用三C科技的便利性，好好利用隨手即可得的爆炸性資訊，那麼，這個時代未必只能負面的養出一堆「低頭族」。這次教學就驗證了科技與人性，連向來在寫作方面成較感較低的孩子，也能在這次創作小說的過程中產生一定的自信。

其實，行動載具還可以讓孩子更快速的求知，甚至培養出自學、隨時隨地高效率學習的技能！而這些技能，正是未來職場解決問題必備的先備知識。

學生作文

學生心得分享（一）

自從參訪過一系列的「城牆故事說不完」，對我來講心中有很大的震撼。加上溫老師請我們「說」故事，所以此時我的腦袋就浮現出許許多多的想法。一開始老師請我們拍照，為了把照片放上我們的故事，我就選了賽德克・巴萊事件、大南門城、中台世界博物館、碑林……並且上網查詢相關資料。

我的故事大概在講一個日本警察，他和其他同仁一起處理霧社事件，不幸被刺殺，他投胎到2010年的臺灣，長大後去應徵當警察，在面試當天巧遇殺人事件。所以和警察們一起辦案，不僅順利將犯人逮捕，也考上警察一職。過程中要讓主角受苦，又要讓他死不了，一下在谷底，一下又在山峰（主角還真累啊！）我設定的主角是山田・柚葉（2010年的名字是葉淇祐），他遭遇

了許多困難，幸好有一路相伴的好友，他完成了他的任務！

其實，「說」這篇故事花了我不少時間，打到這裡，我很了解你們一定會認為我講話有問題，為什麼是說故事呢？為什麼「說」故事會久呢？我並沒有打錯字，這是因為我真的靠google文件＋語音轉換文字的功能幫忙，用「說」的方式完成了一篇故事！我這次說故事，一共說出了5000～6000個字，比手寫的快多了！想想，手寫不僅會手痠，而且效率較差。暑假時如果想輕鬆

點，用唸的就好多啦（只不過會多費口水！），我認為兩種方式都各有優與缺點，例：手寫雖然較慢，但相對的較可以保護眼睛，電腦輸入的方式很快，但對眼睛較有損。

我認為大家可以嘗試用說故事的方式來寫文章，因為不管什麼時候都很好用，只要想到，隨時手機一開就開始唸，這也是現代科技發達的優點。溫老師的文章，也是她的花費口水的傑作呀！

學生心得分享（二）

這次寫小說，我覺得很不一樣。因為我有上網查一些資料，而且是要用進小說裡的資料。之前都是想要寫什麼內容就寫什麼，但是這次是寫「真的」事。像是大南門城和霧社事件就被我拿來當故事的背景。

我的小說內容是：因為全世界都感染了一種很恐怖的病毒，貪心的魔法師也不給解藥，所以主角就在一次意外中被帶到了大南門和霧社事件的地方。他和他的同學在大南門一起解開了密碼，也在霧社事件中了解當時有多麼的恐

怖。終於在最後，魔法師願意把解藥分享給大家，才把主角一行人送回家。

這個小說我花了幾個禮拜才完成，但是我寫了 7000 多個字。上次寒假手寫小說，花了兩個禮拜多才完成，只寫了 3000 個字。

我覺得用唸的完成一篇小說和用手寫的差很多，我有「唸」小說過，也有「手寫」小說過，兩種感覺真的差很多。用「唸」的，速度快，字又多，還很方便；用「寫」的會覺得很累、手很痠，

而且，同樣的時間，寫的字會比較少；用打字的也比用唸的慢，我也覺得用唸的比較好。

我認為寫小說時用唸的比較快，因為只要把想要寫的內容唸出來，有時再修一些錯字就好了，又快又方便。我喜歡用唸的，比較輕鬆，因為只要像平常講話一樣，就好了，不會花太多時間，比起寫字，唸的真的好很多。這次老師讓我們用唸的寫小說，不但很輕鬆、寫得快，還讓我們有一次很特別的體驗。

4-4

責任決定態度：小六生
自辦訪談活動的另類成長

課例示範　南一版六上《國語》第二課〈販賣快樂〉

預計成效　給孩子一個籌辦大型活動的機會，從撰寫計畫書到執行全都包辦，藉此訓練出謹慎規劃、勇於嘗試的能力。

社會人文

國際	地理	歷史	心理	經濟	政治	法律	文學
			✓				✓

學習型態

參觀訪問	蒐集資料	筆記整理	欣賞體驗	討論報告	實作練習	調查分析	省思寫作
		✓			✓		✓

核心素養

A 自主行動			B 溝通互動			C 社會參與		
A1 身心素質與自我精進	A2 系統思考與解決問題	A3 規劃執行與創新應變	B1 符號運用與溝通表達	B2 科技資訊與媒體素養	B3 藝術涵養與美感素養	C1 道德實踐與公民意識	C2 人際關係與團隊合作	C3 多元文化與國際理解
	✓	✓	✓					✓

✡ 溫老師怎麼想

　　溫老師實在是太隨興啦！在臉書讀到的資料，下一秒立刻化為教材──其實，我可不隨便！實在是因為成大蘇文鈺教授在 2018 年 9 月 8 日臉書貼文提到的「成星計畫」故事，恰好可成為「延伸」國語課文、「跨領域」執行素養課程的絕佳教材，而且這樣的故事還跟孩子未來「升學管道」息息相關，所以我立即將這樣的題材納入課堂教學裡！

　　成星計畫是成大針對家境困窘的高中生，從 2017 年起執行的「特殊招生」方案。到了次年，成大教授為找到最需要這方案支援的優秀學子，不斷的思考、改進執行方式。這故事在第一時間感動了我，隨即想分享給班上六年級的孩子。正好，南一版國語課本六上有篇〈販賣快樂〉的文章，我先前用有趣又細膩的角度領著孩子驗證「中級快樂」；現在，成大這些教授為兩位弱勢高中生無條件付出的舉動，不正是「高級快樂」的最佳寫照嗎？

　　學雜費全免、提供校內工讀、蘇文鈺教授更自告奮勇擔任這兩位學生的導師，學校還安排輔導老師並請科技公司提供這兩位學生實習機會……如此激勵人心的真實故事，絕對是讓孩子理解、學習人類最高層次情操的好教材！此外，若能趁機激發孩子拋開成績至上的束縛，改以更寬闊的心態去擁抱未來國、高中的學習之路，進而改變台灣傳統升學樣貌，不也是美事一樁嗎？

　　「初級的快樂」──感官（生存），例如：飽、暖、物、欲。

　　「中級的快樂」──精神（生活），例如：詩詞歌賦、琴棋書畫、遊走天下。

　　「高級的快樂」──靈魂（責任），例如：付出、奉獻，讓他人因為你的存在而快樂。

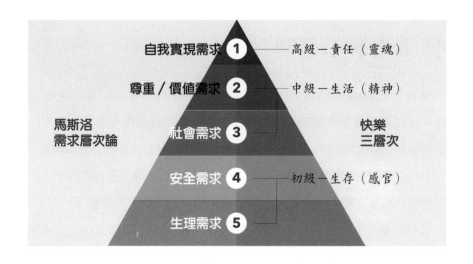

我花了兩堂課讓孩子理解蘇教授的這篇文章。不僅指派了能訓練閱讀策略與摘要技巧的做筆記任務，還請他們針對這個議題進行相關的省思寫作。給成大「成星計畫」團隊的一封信、給兩位大哥哥（或大姊姊）的一封信、給蘇教授的一封信……寫著寫著，孩子便想實際接觸這則故事的人物：「老師，我們可不可以訪問這兩位大學生？」

孩子的回饋，促使我決定在這系列探討快樂的課程裡面再加一場活動，以期他們能透過真實案例來具體感受「高層次快樂」的意義。「那我們來一起想辦法邀請教蘇教授，跟兩位大哥哥或大姊姊到學校跟我們對話吧！如果還能訪問到執行這項「成星計畫」的長官，那就更棒啦！」我又進一步引導孩子思考：「當我們面對這樣的正向能量與資源時，還能如何主動出擊？」於是，他們就寫信邀請蘇文鈺教授到校近距離訪談，從而誕生了這篇教案。

溫老師怎麼做？

「老師、各位同學大家好！讓我們歡迎成功大學蘇文鈺教授！」

主持人 cue 受訪者站上講台，黑板上寫著斗大的「成星計畫 Let's

go！歡迎蘇教授」還加上童趣可愛的插圖。觀眾席的攝影組也已就定位了，蓄勢待發要捕捉最精采的鏡頭；坐在台下的孩子則備好提問單，準備進行一系列發問……這光景讓我既驚豔又感動。

我想起這些孩子在籌辦過程的點點滴滴。海報組在周三下午自動留下來畫海報（這當然有徵求家長同意）；布置組在活動前一日迫不急待的問我：「老師，我們可以先借『觀摩教室』鑰匙去布置嗎？」他們還拿了掃把與抹布，勤奮的清掃活動場地、貼海報；會前，主持組也主動聯繫受訪教授、讓對方了解活動流程……

我的思緒拉回訪談現場。孩子向蘇文鈺教授提問：「你對我們這群小六主辦人有什麼觀點？」教授毫不猶豫的回答：「我覺得你們是變種人呀！我高中才開始學習辦活動，你們現在就開始做了！」身為導師的我，也為這群小六生感到驕傲。

讓小六生化為超強「變種人」的訣竅

素養 規劃執行與創新應變：籌辦一場記者會

任務 化身樣樣精通的變種人（活動企劃）

身為老師的你，是否很苦惱學生對活動的參與度不夠？每當老師費盡苦心，好不容易規劃了一場講座或校外教學，事前得哄他們參加也就罷了，在舉行活動的時候，有人站遠遠的袖手旁觀，怎麼勸都不肯投入其中；還有人在活動中途開始聊天，甚至故意擾亂秩序……

被動參與＝有趣就買單，無趣就搗蛋！

說到底，孩子「被動」參與別人舉辦的活動時，往往會表現事不關己的態度。喜歡就積極參與，不喜歡就聊天搗蛋。為什麼？因為沒有被「賦權」！一旦沒被「賦權」，他們便沒有「責任」要做好，當然也就不必在意了。

倘若我們能化「被動」為「主動」，讓孩子承擔「主辦單位」的角色，

他們的態度會有怎樣的改變？來看看我們班的孩子對這次全權執行活動的說法吧！

　　學生Ａ：我負責招待，要把受訪者帶到活動地點。當天活動開始前，我非常的擔心，也有一些些緊張，因為我們沒有想好在帶他們進活動地點的這段路要說什麼？畢竟那有一段距離呀！……（略）當我們帶著蘇教授走到中庭時，我想起溫老師特別交代，還要去問另外兩位姊姊到達的時間……（略）

　　學生Ｂ：我負責製作邀請卡。那張卡片讓我費盡心思，尤其是內容，我想了好久……（略）我很努力的用色鉛筆把每個字寫好，再用黑色原子筆描上去，最後把鉛筆寫的字跡和用來對齊的線擦掉。另外，我還因邊框而煩惱不已。我不確定自己畫的邊框是不是太單調了，所以又加畫一些簡單的花朵，然後趕在星期四午休前交給溫老師，並訂正錯字。

　　學生Ｃ：聽到要辦活動，我第一個情緒是「不安和緊張」，一直怕蘇文鈺教授和另外兩位大姊姊會認為這一次的活動很無趣；但我還有另一個情緒叫「期待」，因為我是第一次進行訪談，我也希望可以練習「對話能力」。

　　學生Ｄ：我好期待呀！每天都想著報告該如何做才好？要問什麼問題好呢？如何做出好海報呢？這些問題每天跟著我，可是我並不厭煩，因為我希望可以把頭腦中的問題問清楚，所以愈靠近這一天，我愈是興奮又好奇。

　　這些學生反饋，忠實呈現他們對這場活動的高度投入。那麼，我是如何引導這群小六的孩子自己全程籌辦這場訪談呢？

要孩子自行辦一場訪談「蘇教授＋成星計畫大學生」的活動，得先讓他們體會辦活動的複雜性。因此，我讓孩子利用假日完成以下三項任務。其中的**任務 1**及**任務 3**，在同一張學習單中完成；**任務 2**則是延續行之有年的即興演講訓練，讓他們口頭說明自己執行**任務 1**的內容。

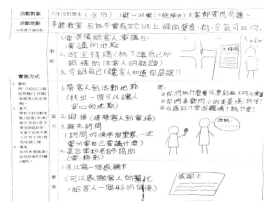

這項任務的重點不在於孩子有無寫錯字，而是要藉機訓練他們系統化思考與按部就班的做事習慣。

任務 1：模擬正式企劃書的寫法

在正式訪談活動的前一個周末，我要求孩子利用放假時間回顧蘇教授的文章，並參考另一份網路上現成的「卡拉 OK 比賽」企劃書格式，試著自己寫出一份「成星訪談活動企劃書」。期望透過這樣的練習，孩子能學會以更周全角度來思考籌辦一場活動所需考慮的幾個層面。

由於周末的時間較具充裕，孩子為完成這些任務，便相約一起討論。當然，也有人自己一組的，要獨自一人或尋找隊友，全憑孩子自由決定！

任務 2：錄製影片講解自己的企劃

總之，不管**任務 1**是靠「團隊分工」還是靠「獨立作業」來完成，每個人都要自己再錄製一段影片說明這份企劃，並將影片上傳到臉書的班級社群，讓老師驗收也讓同學觀摩。

透過「寫文字」加上「口述說明」的雙重演練，孩子初嘗了從零開始籌備一場活動的困難。

任務 3：擬好問題

前面兩項任務只是暖身，第三項任務才是重點！**任務 3** 就是要求孩子

為訪談蘇教授和兩位「成星計畫」的大學生各擬三個好問題，以便他們在訪談當天可以提問。

事先設想發問內容，有三大好處！

1 了解受訪者的背景——雖然先前已讀過蘇教授的文章，但畢竟已間隔一段時間了。這次先擬好問題清單，孩子會因此再去閱讀該篇文章，重溫故事裡的人事物。再次閱讀相同文章，也可能會找到新的看法、獲得另一層體會。

2 培養「好奇」的積極心態——在採訪別人之前，最重要的是抱持「好奇心」，且能試著以對方角度去思考，這也訓練了孩子對他人的敏感度與同理心。

3 學習問出「好」問題——什麼是「好」問題？除了要是「開放式問題」（不是那種只須回答是或否的問題），也要注意禮貌、不侵犯他人隱私。因此，像是「你幾歲」或「你家庭過去有什麼狀況」之類的問題，要學著避免。

學習單內容

1 活動名稱：請想個吸引人的主題

2 企劃目的／預期效果：希望讓全班得到的學習是什麼？

3 活動日期

4 活動對象

5 活動地點：挑選合適地點

6 實施方式：思考事前／當天／事後的活動內容

7 如何表達感謝／給受訪者的回饋／禮物？

8 擬「好」問題：

● 對每個受訪者（蘇教授、兩位女大學生）各問 3 個問題

● 問題方向：可從蘇文鈺教授那篇「成星計畫」的文章出發，再針對文章內找不到答案或沒有說得太詳細的部分提問。

● 提示：學業類／做這些事的動機／人生經歷／困難解決／職場相關／對未來的期待等。

9 所需器材：活動內容預計需要的器材＋數量（例：麥克風 ×3）

10 職務分配

● 職務名稱（例：主持／美宣等）

● 人員分配

● 工作內容（事前／當天／事後）

● 時程進度表

其他備案：若借不到預計地點或當天主持人生病等突發狀況，該怎麼辦？

Step 2　正式分組，小六學生動起來！

接下來，由老師安排全班分成七個任務小組。

1 主持：聯繫教授與當天串場的主持工作。

2 海報：製作海報、撰寫流程表。

3 布置組：事前布置場地、確認器材、事後恢復場地。

4 招待組：活動當天至校門口帶受訪者至採訪地點。

5 美工組：製作感謝卡與邀請函。

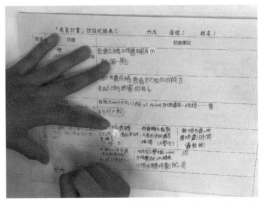

班上每個孩子都要寫這份訪談紀錄，意即，即使是坐在台下，這場採訪每個人都有所反饋。

6 攝影組：當天拍照、錄影。須事前學會如何使用這些攝錄設備。

7 提問組：指定幾位當天必須向受訪者提問的同學。

分派各組負責的項目之後，老師的工作只有提醒他們進度，頂多在孩子有疑問時為他們解惑。在我不過度干涉或評論的狀態下，反而能看到各組自行約成員一起，逐步讓這場活動的籌備工作邁上正軌。

至於哪些是必問的問題？這可是提問組最擔憂，也是全班孩子都很關切的一點。我從他們的學習單中挑出四到五則較佳的問題，製成一份空白的表格筆記，供孩子在活動當天邊訪問邊記錄。

Step 3 活動現場，老師只在一旁輔助

到了活動當天，除了主持人和攝影組之外，其餘人馬皆回歸到「訪問＋做筆記」的工作。當提問組問完我指定的那幾個問題之後，就讓其他人自由發問。沒輪到發言的孩子就仔細聆聽並思考這些問答，同時手中立即速記受訪者的回答內容。

過程中，我盡量讓學生成為主角，老師的角色只是觀察，因時而動。例如：當孩子訪問蘇教授到半途的時候，我發現孩子的提問，內容開始變得比較貧乏。這可能是因為成星計畫的部分已經問得差不多的關係。

每個學生都有發言的機會，導師只在教室最後方「坐鎮」。

這時，我跳出來，跟孩子說蘇教授另外還創辦了一個名為「Program The World」的協會，該組織會到偏鄉指導一些孩子如何設計程式，好讓他們能得到更多教育刺激。這發言讓蘇教授朝這部分多說明，雙方談論的內容也轉向「偏

鄉教育的故事」，原本後繼無力的訪談，因為增加了新話題，活動因此不冷場。

Step 4 **心得撰寫**

活動結束後，我請孩子重新回味整個過程，並將他自己在現場速記下來的訪談內容整理成一篇日記。

寫作提示

1 當天活動開始之前，你的情緒是？你對活動內容有哪些期待？

2 蘇教授或兩個姊姊的訪問內容，哪幾個回答讓你印象最深刻？請舉出 3 個並說明理由。

（回答的類型包含：教學方面、求學歷程、人生觀、對活動的觀感等）

3 你認為三位受訪者各有哪些性格？你從哪裡看出來的？（外表、說話方式、回答內容）他們各有哪些值得你學習之處？

4 第一次籌辦活動，在過程中遇上什麼狀況？如何解決？請給予 3 個建議。

5 你為自己在這次活動的表現打幾分（0～10分），為什麼？

📖 智琪老師的觀察

我很驚訝的發現，孩子對本次活動的態度都很慎重，也有不少人在事前出現了擔心、緊張或期待的情緒。我蠻意外，溫老師只是化「被動」為「主動」，就大幅影響到孩子的態度。

「責任」決定「態度」

這幾年觀察下來，我發現溫老師總喜歡「反其道而行」，把我們平時視為「老師」要做好的事，授權讓孩子試試看。

其實，對孩子而言，只要不在過程中給過多的評價或否定，他們就能慢慢變得自在，開始願意放手嘗試。雖然他們的嘗試在大人眼中，有時做事仍舊欠缺火候，比如說，沒有效率或是考慮不夠周延之類的。

但我發現，每次遇到這種情況時，溫老師都會「忍」住不插手，頂多給予建議。也是因為溫老師這「忍」的功夫了得，才能造就越來越大膽、勇於面對各式各樣挑戰的孩子呀！

學生作文

學生作品：訪問問題精華集錦

註：以下範例摘自不同學生的心得寫作

範例1 訪問蘇教授

Q：你對於小六的我們辦了這樣的活動，有什麼看法？

A：蘇教授竟然稱讚我們是「變種人」，因為我們這種企劃，他是在高中時才做的！我也有同感，因為我們今天的功課——國單，我課輔班有國二的說：「這功課不是國一的嗎？」所以啦！大家都知道了吧？變種人會變種也是因為有溫老師呀！

範例2 訪問 A 姊姊

Q：從小到大學習過程中，有遇到什麼最難忘的事？

A：她的回答是：家人過世。這讓我整個嚇了一跳，因為最難忘的事在我的字典裡是指「人生最快樂的事」，像是每一次和家人出國玩。但她最難忘的事竟然是家人過世，我認為這代表這件事當時一定讓她的心受到嚴重的打擊。

範例 3 訪問 B 姊姊

Q：你覺得自己最像哪個物品？為什麼？

A：我覺得自己像有粉筆和板擦的黑板，因為有些人或許會對我寫上不好的話，但自己可以有能力把這些字擦掉。我好喜歡她的回答，真是讓我印象深刻！

範例 4 學生自己的想法

Q：你認為三位受訪者各有哪些性格？你從哪裡看出來的（外表、說話方式、回答內容）？他們有哪些值得你學習之處？

A：在做訪談時，我覺得教授是位熱心且細心的人，因為很少老師會願意做這些事，而且還另外安排他們到公司實習等活動；我推斷 A 姊姊是個很懂得感恩的人，因為在做訪談時，她一直說她很感謝她的叔叔和蘇文鈺教授；而 B 姊姊是個熱情且大方的女孩子，因為在訪談時，她講話比 A 姊姊來得更有自信，而且還常常笑，讓大家都聊得好不快樂。

Q：第一次籌備活動，過程中遇上什麼狀況？如何解決？

A：我們在發問時，有遇到一點小狀況，因為我們在教室就有分配好誰要先問哪一題，到了 OO 要問的那題，XX 卻突然舉手。這時全班異口同聲的說：「這題不是 OO 先問嗎？」那時，全場的人都僵在那裡，還好有溫老師打圓場，不然活動就進行不下去了！

以後如果再碰到這樣的問題，主持人可以說：「好！那請某某某先來發表。」不然也可以說：「某某某請發問。」最後一個方式是：全班看到不該舉手的人舉手時，不要大叫，交給主持人應對，這樣就可以自然一點了。

Q：你為自己這次活動表現打幾分（0~10 分），為什麼？

A：我給今天的自己評分是 9 分，因為我在沒人舉手時會發言，並讓整個場面保持談話，少了的那一分，是因為我有時問題問得太單調，希望下次可以改進！

五道提問，聽聽孩子怎麼說

在自己退休前夕，也剛好學期接近尾聲，照例的我很想知道，這群我帶了兩年到四年不等的孩子，對於溫老師的上課方式有什麼想法與回饋呢？於是我提了五個問題，請孩子回顧這幾年的學習感想——

在①寫作 ②口語表達 ③人際溝通、合作 ④解決問題、面對挑戰 ⑤了解自己 ⑥規劃一件複雜的事 ⑦其他 這7個選項中，你認為哪幾個對你的未來發展最重要？為什麼？

我認為對我未來發展最重要的選項是口語表達、人際溝通與合作、規劃一件複雜的事，還有解決問題與挑戰。因為在未來，就像溫老師常說的，並不是靠一張考卷就能將你的人生「定生死」，而是要從更多地方評分。而規劃一件複雜的事是我們這一生都在面對和學習的，所以這是未來出社會必備的條件。

我認為寫作、口語表達、人際溝通合作、解決問題和了解自己都很重要，寫作在升學變得很重要。我想當老師或是醫生，所以口語表達也很重要。未來不管在哪個方面，都要溝通、合作，現在也是，小組討論就是其中一個。遇到問題，要會用適當的方法解決，因此解決問題很重要。了解自己的性格、喜好、專長、興趣等，讓我在未來能更了解自己最適合從事哪一方面的職業。因此，我覺得這幾項都對未來發展很重要。

我認為 ③人際溝通、合作 ④解決問題、面對挑戰 ⑤了解自己都是很重要的事情！因為你要學習自己一個人獨立解決問題，長大後的成人世界不可能會有老師來幫你處理事情，所以你必須勇敢面對、挑戰。至於人際溝通與合作，則是因為如果沒有人脈，那你未來在發展上會有比較多困擾，有些時候就是要透過朋友介紹朋友讓你能有機會去發展屬於自己的事業，所以人際溝通、合作都很重要。而且你要試著分清楚什麼是私領域什麼是公共場合，在私領域你可以不必與對方很好，但如果是為了工作，你還是要試著跟他合作、溝通，不是朋友也不是敵人。至於了解自己也很重要，如果你連自己想做什麼、不想做什麼都不知道的話，那你的前途應該是一片霧茫茫的喔！

　　規劃一件複雜的事、口語表達、寫作，一樣重要，你如果不會規劃事情，在職場上就缺少了一份機會；口語表達是每個人一定都要具備的，你在未來上班應徵雜七雜八的都要用到口語表達。寫作則在升學以及考試還有工作方面有很大的幫助，所以全部都必須盡可能掌握到。

　　我認為是口語表達、人際溝通合作、規劃一件複雜的事，因為口語表達可以教我如何表達清楚，令他人清楚的知道自己的需求，或是在面試時讓老闆了解自己。然而人際溝通與合作可以讓我在未來成功的和別家公司合作，並且擁有良好的人際溝通和人緣，在社會上辦事比較適合。有了規劃一件複雜的事的能力，我就可以面對任何困難的工作，還可以從失敗中獲得成功的方法！

　　我認為最重要的是「解決問題、面對挑戰」，在未來，不管是工作還是在生活上，總是會遇到困難，當事情發生了，我們不能逃避，應該要去面對、征服他，如果不這麼做，久了，他就成了你心中的障礙，變成看到事就想放棄的人。

承上題，溫老師的哪些課程帶給你最多這些成長？你從自己的哪些行為看出來的？請比較你過去和現在的不同。

我認為我學到最多的是「職人訪談」，之前的我從來不會剪輯影片，都是錄完就上傳社團，但是職人訪談不是一次就能錄完的，從介紹與認識到結束，都是得一步一步慢慢地拍片、剪輯、還有傳到班網。還有「成星計畫訪談活動」，一開始我們只有閱讀了教授的故事，後來溫老師真的請到的教授本人，我們畫了海報、佈置了場地，選好了訪問的題目之後，就進行了一連串的訪問活動。或許我們有更多可以做好的，但是從錯誤中我可以學到下一次如何改進。

在「職人任務」中，我覺得我成長的最多，因為在訪問的過程中，一開始，你要去問：「請問可不可以讓我們訪問，因為……」那如果他們回：「不方便耶！」這樣就會很尷尬，所以要把自己變得臉皮很厚！

我覺得溫老師常讓我們規劃複雜的事，讓我從以前那個「不會爭取工作」的自己，變成現在更主動、熱心投入幫忙的人。像是成星計畫時，我是布置場地組，那次的訪談非常成功，我也在過程中得到了成就感。

在五年級時，老師總會出些具有挑戰性、很困難的功課，我一回到家，看到了就不想寫，但不寫又怕會被罵，所以我只能硬著頭皮去寫，每天努力到現在，我總是一直挑戰，把事情做到好，和以前懶散的我相比，我成功了不少。

我覺得溫老師的很多課程都拿給我很多的成長，而我最喜歡的活動就是蘇教授的採訪，因為我本身就很喜歡當主持人，那一次有溫老師幫我們介紹，因此能夠採訪到成大的蘇文鈺教授。

能從教授那裡學到很多的知識以及人生方面的道理，很充實！並且利用當主持人的機會學習未來你的口語表達能力，然後自己規劃一件訪問活動，那一樣要面對、挑戰，還有人際溝通合作，其實以上的東西都有用到，比起之前畏縮的我，我更喜歡現在大方的我！

我覺得是成星計畫，因為我們有寫計畫書（寫作），即興演講和發表（口語表達），全班一起分配工作及和同學一起錄即興演講（人際溝通與合作）。這個計畫也是我們自己準備的，包括主持、布置場地、攝影、拍照、邀請卡製作、接待教授、提問（解決問題與面對挑戰），這算是一個很有挑戰性的事情。我也覺得橘色打掃龍，可以讓我們寫出未來適合自己的職業，也可以自己了解自己的性格（了解自己）。

過去低年級，我作文都寫到很晚，想不出要寫什麼，現在，爸媽說我的作文在分量和品質上都大大進步。在口語表達方面，老師說我比以往大方多了，也更有自信，我也更常約同學一起寫作業、錄即興演講，人際溝通合作也變得更好了。高年級，老師會讓我們做有挑戰性的事，有時也要我們把問題解決。

老師也會讓我們了解自己，我比以前還要知道我想做的職業和自己的性格，我有改變許多。

被溫老師教的這幾年以來，你「印象最深刻」或「最喜歡」的教學活動是？
為什麼？你覺得他跟你之前印象中的教學有何不同？

這幾年被溫老師教，我最印象深刻的教學活動就是即興演講！因為在一、二年級還不是溫老師教的時候，班上的老師總會說：「唐詩一定要背好，你三年級開始就要努力的背唐詩，到各班去即興演講！」講的感覺好可怕，而且聽到要到別班講即興演講就會覺得有一股壓迫感，所以我二年級的時候非常害怕升到三年級。

那溫老師呢？打破我這個印象！溫老師在假日都會叫我們做即興演講，久而久之你會越來越不怕鏡頭，然後越來越習慣即興演講這個活動，那到別班演講的時候就會更流利、更順暢，練自己的膽量，也練自己口語表達、勇敢面對的能力！我認為這是一項很好的活動，這個傳統應該一直維持下去。

我最喜歡「橘色打掃龍」，那一項功課我寫得特別起勁，我從自己的四個性格出發，找到了四個合適的職業，寫完之後我還畫了各式各樣的職業，著色後的作品更是讓我有成就感。我也從中學習到自己的性格適合什麼職業，不要去做一些職業讓自己不舒服、不開心。我印象最深刻的還有我五年級的園遊會，我明確的知道自己如何創業，成本、攤位等，都是一種問題，到底能不能賺到錢，就要看自己的本事了！

即將要升上國中、高中、大學，你覺得哪個活動最能幫助你面對未來的挑戰？為什麼？

即將要升上國中、高中、大學，我覺得能幫助我面對未來的挑戰其中之一就是：園遊會自己去賣東西賺錢，因為你要學習規劃成本，然後訂商品，還有要想如何行銷自己、製作海報，又能在一個良好的環境下販賣商品。這在未來的發展有很大的幫助，你可以藉由小小的園遊會認識到長大要賺錢時的一種情境，還有實際的行動。這會讓你在比較不知所措的時候，能會想起這個經驗，也能讓你學習隨機應變，因為在賣東西當商人不可能所有事情都照這一個計畫走，一定會有些插曲，這就是好玩的地方！

我認為是寫履歷表，寫了履歷表之後，我自己更了解自己，像自己的專長、興趣。在上大學時，充分的運用自己的專長，在好的大學表現自己。

還有「認識世界貧窮」，這激發我自己想到貧窮國家幫助那些人，讓他們可以擁有教育、資源和愛。我也想要拍成影片，提醒人們，其實今天你很幸運了，別再抱怨自己很衰，那些住在貧窮國家的人，才是衰呢！如果可以，發揮愛心，分一點自己的幸運、幸福與愛給那些沒機會享受的人吧！

我認為是「橘色打掃龍」的相關活動，因為這個活動能讓我了解自己的性格和想從事的職業，未來在選擇行業時，能更加了解自己適不適合做這個職業。

「成星計畫訪談」可以幫助以後的寫作和口語表達，也可以幫助我面對更高難度的挑戰，以後人際合作、溝通也不用擔心。「每日活動評比」能讓我了解自己到底做了什麼，做這個活動時成長性多少？可以檢視自己或改進一些。例如：打電動不要太長，看電視的時間縮短一些。也可以知道自己花了多少時間在上面，有沒有可能花更少時間就完成？我覺得這些活動都能幫助我在未來的時候面對挑戰。

我覺得溫老師的「每一個」活動都能幫助我面對未來的「每一個」挑戰。因為溫老師的每一個活動都有包含了我們現在和未來需要的能力。

我認為是即興演講（可參考《溫美玉社會趴》案例），因為口語表達是一件非常重要的能力，以後上了國中、高中有機會要口頭報告，出社會找工作也要面試，這對六戊全班而言都占了優勢。

請猜想自己畢業後，溫老師的哪個課程最會讓你懷念？為什麼？（不一定是你覺得最好玩、最有趣的，也可能是你覺得有挑戰性或最痛苦的課程）你從自己的哪些行為看出來的？請比較你過去和現在的不同。

我覺得最讓我懷念的課程就是國語課和數學課，因為溫老師上國語課的時候總是很生動，有時候會讓我們邊聽溫老師講課文，邊畫課文的情境，然後做上註解，不然就是畫分析圖，表格，如果是遇到詩詞的課文，老師會唸文章，而我們不能看課本要寫出老師唸的那些，之後再做圖好幫助自己記得那些字，還有那些文章的意思。

當然溫老師的數學課也會讓我懷念，畢竟老師也是一樣用作圖、表格各種豐富的方法來教我們認識數學，有時候會用到教具，然後還有一些學習單讓我們深入了解數學。

我覺得五年級的園遊會是讓我最懷念的，因為很有趣。在過程中，雖然花了不少時間，但是我是第一次自己和同學一起討論園遊會要擺的攤子和內容。一開始的困難就是不知道要做什麼，本來要做史萊姆材料包，但是好像有困難，之後我們就設計「飛鏢射氣球」的遊戲，畫海報、買材料、佈置攤子、把氣球吹好做準備。分配工作部分，有人協助客人、有人算錢、有人管理獎品、有人繼續吹氣球、有人可以在還沒輪到他時去逛逛。這項活動準備起來很辛苦，但是很有趣，我也學到創業的技巧，很充實。

學習與教育 205

溫美玉素養趴

從議題融入到跨科整合，用遊戲化任務啟動真學習

作　　者｜溫美玉、王智琪
責任編輯｜張華承
編輯協力｜陳以音、李佩芬
封面設計｜javick 工作室
內頁設計｜陳俐君
行銷企劃｜林育菁、林靈姝

發 行 人｜殷允芃
執 行 長｜何琦瑜
副總經理｜游玉雪
總　　監｜李佩芬
副 總 監｜陳珮雯
主　　編｜盧宜穗
企劃編輯｜林胤孝、蔡川惠

出 版 者｜親子天下股份有限公司
地　　址｜台北市 104 建國北路一段 96 號 11 樓
電　　話｜（02）2509-2800　　　傳真｜（02）2509-2462
網　　址｜www.parenting.com.tw
讀者服務專線｜（02）2662-0332　　傳真｜（02）2662-6048
客服信箱｜bill@cw.com.tw　　　　週一～週五：09:00～17:30

法律顧問｜瀛睿兩岸暨創新顧問公司
總 經 銷｜大和圖書有限公司　　　　電話｜（02）8990-2588

出版日期｜2019 年 5 月第一版第一次印行
定　　價｜380 元
書　　號｜BKEE0205P
I S B N｜978-957-503-432-0（平裝）

訂購服務
天下雜誌網路書店｜www.cwbook.com.tw
親子天下網站｜www.parenting.com.tw
書香花園｜台北市建國北路二段 6 巷 11 號　　電話｜（02）2506-1635
劃撥帳號｜50331356 親子天下股份有限公司

國家圖書館出版品預行編目（CIP）資料

溫美玉素養趴／溫美玉，王智琪作. -- 第一版. --
臺北市：親子天下，2019.05
224面；17×23公分. -- (學習與教育系列；205)

ISBN 978-957-503-432-0（平裝）
1.社會科教學 2.小學教學

523.35　　　　　　　　　　　　108007921

親子天下
Education · Parenting
Family Lifestyle
www.parenting.com.tw